旅の思い出

エジプト・カイロ。
空港からタクシーに乗り、
目途をつけていたホテルを伝えると、
ドライバーは、「オーケー」と応じる。

しかし着いたのは、全く別のホテル。

ココ
いいホテルだから
ココに泊まりなさい

は〜、今日からまた、
この、メンドクサイやり取り が
はじまるのか……

こいつ……
マージンで
小銭
稼ぐ気だな

……と、エジプトに
来たことを実感する。

タッ
タッ
タッ

なにかを夢中で追いかけ、
息が切れて、
ふと我に返る。

私たちは一体……
なにをやっているんだ？
ハァ
ハァ
ハァ
ハァ

いーこと考えた！
を……

熱中症には
脇の下を冷やすと、
いいんだよね？
小さいジッパー袋に
水を入れて凍らせて、

ポーランドのお菓子、クルフカ。
その魅力に、衝撃を受ける。

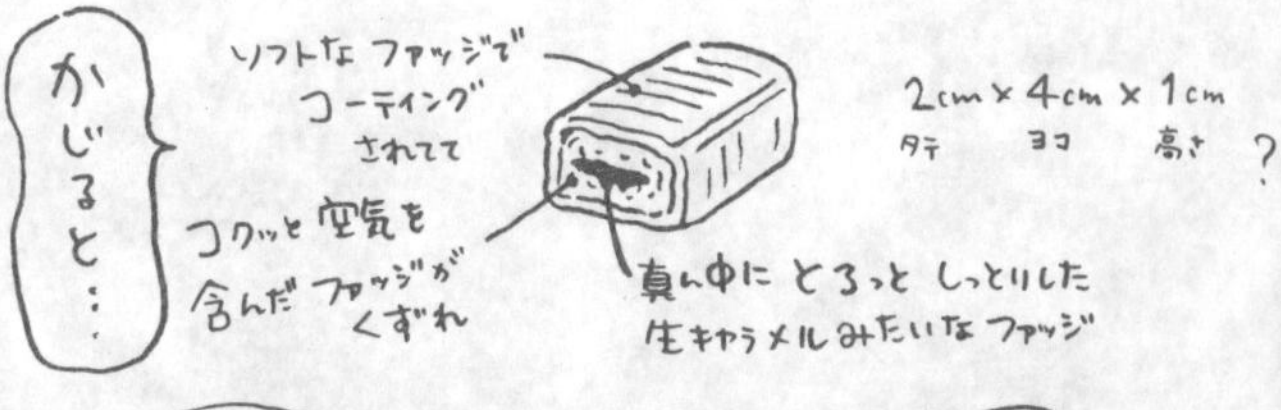
かじると…
ソフトなファッジで
コーティング
されてて
2cm×4cm×1cm
タテ ヨコ 高さ ？
コクッと空気を
含んだファッジが
くずれ
真ん中にとろっとしっとりした
生キャラメルみたいなファッジ

日本でも買えるってウワサもあるけど…自分で買うには勇気のいるカロリーで……
また誰かポーランド行かないかなー

包みを取ってお皿に並べると、
立派に高級菓子なかんじ。

（その後、買える場所が判明し、定期的に食べてます）

バリ島・ウブドにて。

うわ、この道真っ暗！
街灯がないんだ。怖いね……
大通りから1本入るだけで、真っ暗な道。
そうだ！懐中電灯持ってるよ！
あれ？見つからないっ
見えないよ～
懐中電灯があれば……
貸してみ
奥のほうかも
懐中電灯が探せるのに……

← その後、数日、2人のあいだで、この「シリーズ」が流行る。 ←

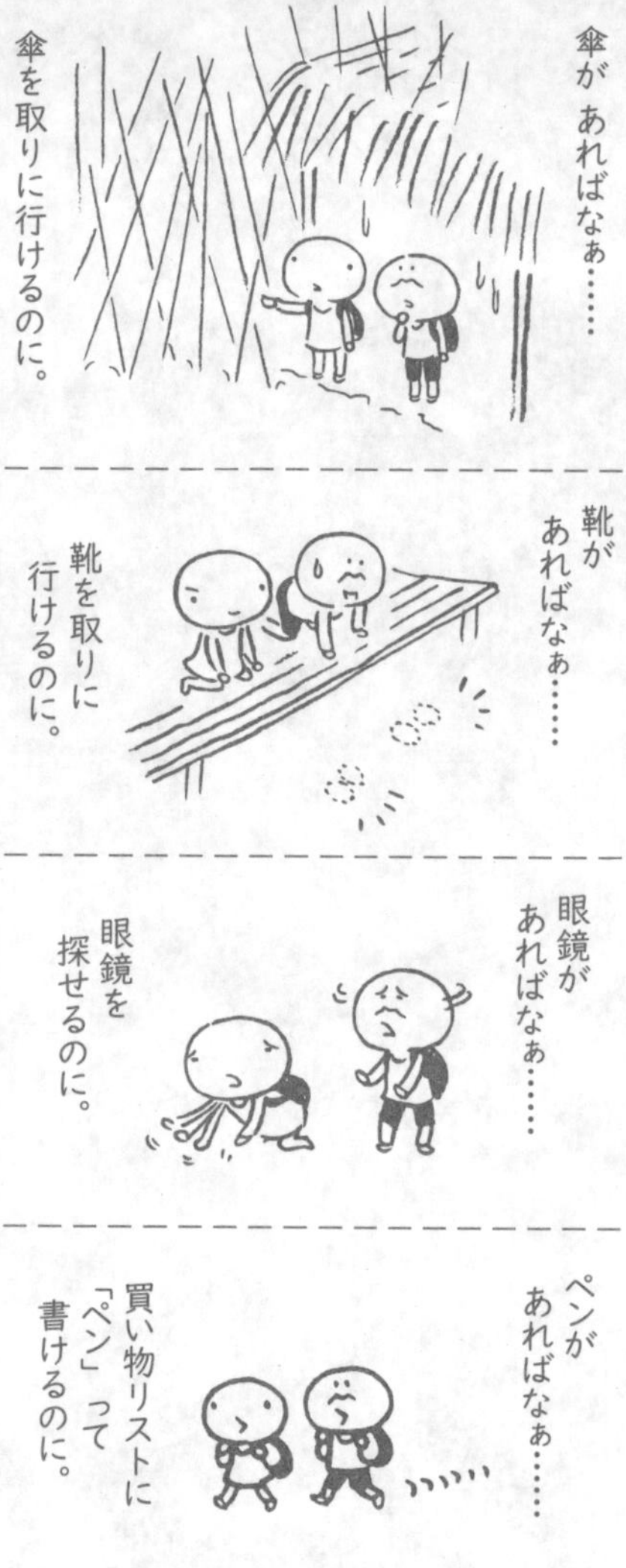
傘があればなぁ……
傘を取りに行けるのに。
靴があればなぁ……
靴を取りに行けるのに。
眼鏡があればなぁ……
眼鏡を探せるのに。
ペンがあればなぁ……
買い物リストに「ペン」って書けるのに。

ぬるくなってきたところで終了。

冷え冷え！キモチイイ～
と？

しかし、ジッパー袋が開いてしまい……
「脇汗が激しい人」みたいになる。
なっ

どぅいーん…
どぅいーん…

夜中に飛ぶヒコーキ。
みんな寝てる。
なんとなく窓の日よけを上げ
外を見てみると……
すごい星！ 自分より下にも、星が！
まるで、まかれたように……

突然、すとーん、と長い流れ星が落ちた。

コーフンして機内を見まわすと、
今のを見た！という顔をした
欧米系のおじさんと目が合った。

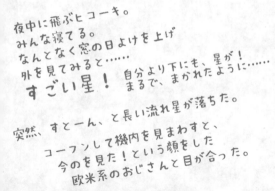

k.m.p.の、

旅したくて、ぐるぐる。

k.m.p.
ムラマツエリコ
なかがわみどり

東京書籍

旅に出て、
それを文字と絵にして、みんなに伝える。
それを何年もやってきた。

「次、どこ行こうか」

なにもギモンを感じず、
あたりまえのように交わしてきたコトバ。

自分さえ腰を上げれば、
旅がはじまると思っていた。

………のに。

止まった日常。

どうやって　たのしもうか。

以前、
「暮らすような旅」の本をかいた。
旅先で、いつもの生活をする、という旅。

その逆をやってみたら……
と、ふと思った。

「日々の生活に、旅を取り込む」

これまでの旅を語り合ったり、
かの地で食べたものを
記憶をたよりに再現してみたり、

そして、
いつか行く旅を妄想したり……

こんな時間も悪くない、
と、思える時間にしたい。

私たちは今、
こんなふうに過ごしています。

もくじ。

過去

現在

そして未来へ

本文の中に
さるむしが6匹
隠れているよ
探してみてね

「その6」は
除くよ

はじまり～

その1

過去の旅をあそぼう

新しい旅に出られないなら、
今までの旅を振り返って
あそぼう。

以前、

「旅は3度たのしめる」

と かいた。
・旅の準備
・旅そのもの
そして
・旅を思い返す

旅の思い出を、 語ろう。

「旅の思い出」といっても、思い出すのは、
なぜこれ？ってことだったりしない？
たとえば、
美術館でなにを観たかは
全然おぼえていないのに、
そこに入るために並んでた時のことを、
昨日のことのように おぼえてたり。

ああ、わかる。
とくになにがあったというわけでもないのに、
なんでこれ思い出すんだろ、っていうの。
その時の空気感も同時に蘇るから、
懐かしくて、きゅんとして……嫌いじゃない。

そーだね、しばらくその
懐かしい感覚に浸ったりして。
でも、ほんとになんてことない一瞬だから、
一緒に行った人は おぼえてないだろうし、
こっちも、伝えようがなくて、
「語り合えない」思い出なんだけど。

だね。
写真もなにもないから、
ただ、1人で反芻する。
夢を思い出すみたいに。

うん、そのかんじに近いかも～

ふと思い出す、旅の1シーン

ここには、
これまでの
旅行記で紹介した
エピソードも
盛り込んで
みました。
以前に読んで
くださった方が、
これらを見て、
自分の旅を
思い出すような
感覚を
味わって
いただけたら
うれしい。

砂漠から町へ戻った時、
靴やポケットの中に
砂を見つけては、
砂丘での日々を回想し
ウットリしたこと……を、
さらに今でも回想してウットリ。

モロッコ。
砂漠に向かう夜行バスで…
古い歌謡曲を
聞きながら、
真っ暗で
なにも見えない
窓の外を
眺め続けたこと。
なぜか、
ことあるごとに
あの空気感を思い出す。

逆に、遺跡とか、世界遺産とか、
あんまりおぼえてない……

わざわざ時間とお金をかけて
「それ」を観に行ってるはずなのにね。

母がよくイタリアの旅の思い出を語る時、
「〈最後の晩餐〉を観たのがよかった」
って言うんだけど。……それ、
予約ができなくて観てないはずなの。
……でも、わかるんだよね。
自分でも、実際に観たのかテレビで観たのか、
わかんなくなってるもの、いっぱいある……

たしかに……
そして道中の、しょーもないことだけ
おぼえてる（笑）。

旅の「目的」って、
じつは、
「口実」なんじゃないかと思ってる。
なにが観たいとか、
なにがしたいとか、
理由を作って出かけるけど、
ほんとは……… なんだろ？

ただ、旅がしたい。……じゃない？

エジプトの子ども相手に、
大人げない態度をとった

炎天下の道中、
どこまでも
ついてくる
村の子どもに。
ハロー
ハロー
ハロー
ハロー
ハロー
ハローっつってんだろうるせえな!!

いつも、何度も、同じところで頭を打つ

馴染みの
雑貨屋
（チェンマイ）
んがっ
「眉から上」がない、
とでも思っているのか？

馴染みの
パピルス工房
の入り口
（エジプト）
ゴッ

しまいには、
町ですれ違った人に、
「ハ～イ、
頭をぶつけた人！」
と声をかけられる。

長距離バスの棚

何回乗ったら
認識するのか。

こんな、
お互いの
旅の失敗話を、
年に1回は、
蒸し返して
笑い合う。

バカだね～
そっちこそ～

**……と、
旅の思い出は、
「しょーもないこと」
ばかり？**

『チェンマイアパート日記。』『エジプトがすきだから。』（JTB パブリッシング）でもかいてます。

仕事中、ふと思い出す、旅のこと。
本にかいたことも、かいてないことも、
2人のあいだに、沢山の旅の思い出がある。
そのほとんどが、メイン以外のことばかりだ。
目的地に辿り着けずに迷ったことや、
突然話しかけられてドキドキしたこと。
ずっとお腹がゴロゴロしていたことや、
列車が来なくてホームで寝ちゃったこと……
小さくて、どうでもいいことばかり思い出す。

狭さの単位

路地の道幅を測る単位が、いつもコタツ。

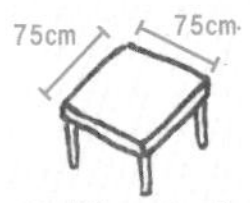

75cm
75cm

当時使ってたコタツのサイズが基準。

カラダを斜めにしないと通れない路地を、「半コタツ」と呼んでいた。

ここ、1コタツかな？
うん、でも奥は1.5コタツくらいあるよ

帰国してからも、この「単位」を愛用。

これって、1コタツくらいかな
うーん、0.8コタくらい？
家電屋で洗濯機を検討中。

どこでも「メモ」してたっけ

見たこと・感じたことを
すぐにかきとめたいので、
常に、紙とペンを手にしてる。
その苦労も、私たちにとっては旅の思い出。

横断歩道の安全地帯で。
録音。→
混雑してるバスの中で。
強風の砂丘で。
悪路を行く車内で。
今考えると危険だな…
ほんと…

至福の時

砂漠のホテルのバルコニーで、
大砂丘を眺めながら、
ココロゆくまで歯磨きタイム。

40分も磨いてるよ！

非日常的環境の中で、
自分の日常をこなしている違和感に、
ウキウキする。

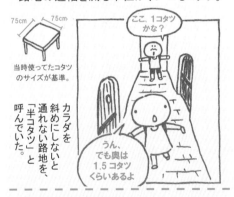

よく歩いたこと

エジプトの旅では、いつも炎天下の中を歩いていたことを思い出す。
それは、ボられたくないあまり、すべての乗り物の勧誘を拒否し、
結果、目的地まで何キロも歩いてしまうから。

目的地に到着した時には、もうぐったり……

ノー ノー
馬車～
ラ、ショクラン（ノーサンキュー）
タクシー？

はい はい
ノー タカーイ
うっそだぁ～
神殿行きの公共バスだよ
とか言ってうそなんでしょ！
オッケー、10 ポンド～
絶対うそ！
この神殿は閉まってるから他の神殿に連れてくよ～
無視！
もーいい……
何も観ないでいいから帰りたい……

神殿前で、力尽きた……

いつも眠かったこと

日中、突然眠くなることが、よくあった。
そんな時は、わりと、我慢せずに、とんでもないところで寝ていた。

大きな博物館で

3時間くらい観ても、まだ半分も進んでない……
それに気づいた途端に眠くなり、
階段の踊り場で……仮眠。

部屋までの階段で

ホテルで、エレベーターの故障。
疲れて帰ってきたカラダには辛く、
階段の途中で……力尽きる。

運転中

さすがに
眠るわけにはいかないので、
停められる場所を探しつつ、
顔を動かすなどして対処。

大声で話しかけつつ目は、停まれる場所を探す。→
もーすぐ海だ！
あっ！
←眠気退散には「笑顔」がいいと聞き、この表情を固定。

『k.m.p. の、モロッコぐるぐる。』『k.m.p. の、ハワイぐるぐる。』（東京書籍）、
『エジプトがすきだから。』『エジプトのききめ。』（JTB パブリッシング）、『k.m.p. の、旅してぐるぐる。』（KADOKAWA）でもかいてます。

塩を振る時、思い出す……

あれが出てきたよね…

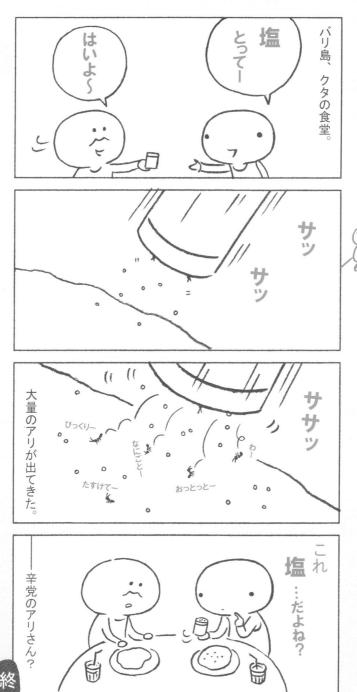

バリ島、クタの食堂。
塩とってー
はいよ～
サッ
サッ
ササッ
大量のアリが出てきた。
わー
なにごとー
びっくりー
おっとっとー
たすけてー
これ塩…だよね？
――辛党のアリさん？
終

そういえば、こんなパンがあったよねえ……

バルセロナのスーパーで、焼きたてのパンを買った。
明日とあさっての朝ごはんにしよー♡
翌朝、パンを切ろうとすると……
んん？なんだこれ!?
か、かたい！切れないっ！
バコン
バコン
ハア
ハア
だめだ、表面こすってるだけだ……
ノコギリで切ったらどーだろ？
＊物置探してみるー
……って、ノコギリで切れたところで、歯で噛み切れんのか？
ハア
ハア
たしかに
＊家具付きのアパートを借りていました。
これほとんど「木の棒」だよ。凶器になるぞ
ブンッ
ブンッ
ブンッ
ゴンッ
ゴンッ
いててっ
ほんとだ

続く
←

パン殺人事件とか
あったりして。
凶器が「パン」だなんて
気づきにくいし、
食べちゃえば証拠隠滅、
完全犯罪……
あれ？
でも、かたくて
食べられないんだっけ、
困ったな……
ブツ
ブツ…
行くよー、外で
朝ごはん食べよー

諦めた。
バタン

たった半日で
コチコチに
なっちゃう、
このパン。
現地の人は、
どうしているのかな。

もしかして
特別な保存法や
調理法が
あるのかな、
このパン。

気になるパン、
木になる……？パン。

汁物に
浸すか？
……にしても、
鍋に入れるには
やっぱり
切らなくちゃ
ならないし
削りおろす
パン粉用とか？
でも昨日は
あんなに かたく
なかったよ
ねぇ…
ブツ
ブツ…
ブツ
ブツ…
終

そして思い出すのは、宿で過ごした日々。
なんてことのない思い出だけど、とても旅を感じる時間。

なにを観たかはおぼえてないけど、毎日、疲れて帰ってきたことは、よくおぼえてる。

旅では、1日中歩き続け、ホテルに戻った時にはへとへと……
はぁぁ〜〜ぁ
バサッ
靴脱いで……と…
んぐぐんぐぐ…
だはっ
ドサ
靴下
靴下
靴下……
あ゛ぁ゛〜
ぐぁはっ
びょんっ
それでも寝る前には日記をかき……
はい——ん
はい——ん
メモの整理をする。
へぇ゛——…
ほぇ゛——…

でも……
ぐは〜〜……
ぐへ〜……
げへ〜……
ふご〜〜……
こほ〜
ふこ〜
……こんな、旅の夜。
終

おぼえていることって、
結局、「五感」で感じたことなのかな。

そうだね。
見て、触れて、聞いて、嗅いで、味わって……
感覚で体験したことだから、
カラダがおぼえてるんだね。

その中でも、とくに
今までの人生で味わったことのない感覚を、
印象的におぼえているんだろうね。
たとえば、
日本にはない暑さ、
聞いたことのない音色、
はじめての肌触り、
衝撃的な味……
新しい感覚だから、刻み込まれる。

びっくりするし、
ココロ休まらないけど、
そのぶん、刺激的。
それを感じたいから、
「外国」への旅に惹かれるのかも。

ちょっと変わったところだと……
日本に来ている外国人観光客が、
すこし離れたところにいる仲間を
大きな声で呼んだりするじゃない？
それを聞くと、なぜか

五感に刻まれたもの
あるある編

クラクションの応酬

カイロなどでは、
常にクラクションが鳴り響いている。

プァッパー
プァァアッ
プププププ
プァップァッ

現地では、耳に慣れすぎて気にならなくなってたけど。

帰国後、たまに似た音を聞くと、
一気に あの場所へワープする。

ニワトリの鳴き声

ニワトリの鳴き声は、東南アジアの朝を思い出す。

ナッカガー
サーン
ナッカガー
サーン
ナッカガー
サーン
はーい

「コケコッコー」が、自分の名前を
呼んでいるように聞こえた思い出。

吹き抜ける爽やかな風

ハワイの風の心地よさ。

これを感じるために来てる
あー これこれ

自分の住んでる町でも、
年に1～2回、
「あ、似てる！」って
感じる風が吹くことがある。

「懐かしい」気がして
不思議だったんだけど……
日本人って、あまり
大きな声を出さないからか、
自分の中でその声を、
「外国の音」として
認識してるんだ、
って思った。

なるほど、おもしろいね。
あと、「嗅覚」って
すごい装置だと思う。
ふだん全く
思い出さないことも、
似たニオイを嗅ぐと、
ぶわーっと記憶が
蘇ってくる。

うんうん、わかる！
寒い朝って、
外国のニオイがするよね。

……えっと……それはたぶん、
世界共通の
「朝のニオイ」だと思うよ。
自分たちが、旅の時しか
朝早く行動してないだけ。

……え、そうなの？

エジプトにて。
ハンマッ！
（ムハンマド）
日本の観光地にて。
誰かの名前。

余談ですが、エジプトでは、
10 人中数人が「ムハンマド」
ってくらい、多い名前なのに、
呼ばれたムハンマドだけが
振り向くというワザ？に、
いつも感動してました。

五感に刻まれたもの

私たちだけ？編

不規則な段差

階段の
段の高さは
同じなのが
あたりまえ……と
カラダが思い込んでいるところに、
いきなり「不規則」がやってくる。
力強く踏み込んだ反動は、
想像以上に脳天に響き、
しっかり、記憶に刻まれた……

石畳の感触

ポルトガルの田舎の古い石畳では、
カートを引くと、振動で手がビリビリした。

ぐき

なにかの理由で手がしびれると、
あの時くじいた、足の痛さまで思い出す。

指のあいだの湿り

急にしっとりしてきたよ
ほんとだ、ペタペタしてる

帰国して空港に降り立った途端、
手の指のあいだで「日本の湿気」を感じた。
日本に来た外国人のキモチになれた気がした。

旅の思い出は、「五感で感じたこと」。

思い出すシリーズ

温度や湿度、
ニオイ、音、感触………
写真やメモでは残せない、
五感でキロクする感覚。

その「なにか」を、〈ワープのもと〉と呼んでいる。

音

ハトの鳴き声

けだるそうに鳴くハトの声を聞くと思い出すのは…
タイ・チェンマイのアパートの、昼下がり。

フルットゥ～
フーフルットゥ
あ、ハトの鳴き声
タイのは、ヤッチャッターって聞こえるんだよね
ハト自体は苦手だけどワープするなぁ

フナ広場の楽器

*カルカベが鳴り響いていた、
モロッコのフナ広場。
カシャン、シャンシャン…と
金属がぶつかる音がした時、
あの広場の喧噪が、
一瞬にして蘇る。

うわ
カシャン
カシャン

金属の食器を重ねている。

＊鉄製のカスタネット。

屋根裏のトッケー

トッケーはヤモリの一種。姿は見せずに、「トッケー、
トッケー」と、ヘリウム声だけを聞かせてくれる。
日本では、これを思い起こせる音はないが、
録音してきたものを時々聞いて、旅気分になっている。

秋だね…
あれ聞きたいな
いいね…
聞く？

P24 も見てね。

夜のカエル

「コキッ」と独特の声で鳴く、ハワイ島のカエル。
タイで買った、カエルの鳴き声を出す楽器？で
再現してみる。

コキッ！
ちょうど「コキッ」の音階になる場所がある。

木製。

忘れられないもの

しかし、それ自体がキョーレツな体験で、忘れることができない。

真の闇

砂漠の宿で体験した、真っ暗闇。
「時間が経てば目が慣れてくる」ような暗さは、
本当の闇では なかったのだと知る。
自分の手すら見えない闇。肉体がなくなって、
意識だけになってしまったかのような、
不思議な感覚。

ココ
どこ？

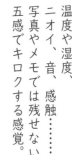

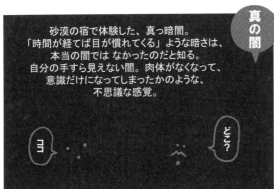

無音

無音すぎると、圧迫感で、
耳が苦しくなることを知る。
砂漠で野宿した夜、辛くて怖くて、
定期的に手を叩いていた思い出。

パタ
パタ
パチ
パチ
パチ
パチ

「似たもの」で、

日常のちょっとした「なにか」で ふと蘇る、旅の記憶。

アツイ

アスワンのタクシー車内。
日陰なのに肌がチリチリする〜
熱風が入ってくるよ
窓閉めて〜
ノォ〜
エアコン、ブロークンハハハ

すさまじい、エジプト・アスワンの「熱風」。
普通は、風が吹けば涼しいものだが、
空気が動くたび、身の危険を感じた。
それを思い出すものは……

サウナ

この、鼻の穴がヤケドしそうなかんじ、アスワンの町歩き、こんなんだった！
あっ

コンロ

これだ、この目の熱さ……
思い出す〜
ボー

ニオイ

「パクチー」でベトナムの市場へ、「クミン」でアラブの路地裏へ、
「ナンプラー」でタイの食堂へ……と、ニオイで瞬間移動の旅ができちゃう。

ある日の朝、ゴミ収集車の残り香で……

なんか懐かしいニオイ……
ハッ
これは、某アジアの市場！

プゥ〜ン

まさかのニオイで、胸アツ、旅気分。

似たものはないけど

日本の日常では、まず出くわすことがないもの。

陽射し

暑さ厳しい日本でも、これは体験はできない、と思うのが エジプトの強い陽射し。
それぞれが感じた印象は……

太陽に頭を押さえつけられてるようなかんじ。

ぐぐっ

なにもかもが、白く発光して見えた。

なんだろ？電子レンジの中にいるような？
ガー
ガー
まわる
まわる

そのうち、電子レンジの「ガー」という幻聴が聞こえてくるように……

「暑い」思い出は沢山あれど、
これは、「熱い」思い出……

タイ・バンコクに到着の夜。タイ料理を食べるはずが、インド人の強引な客引きに負け、カレー屋に入る。
ふーっ しかしバンコクって暑いねー
ほんとだねー
店の中まで暑いよ… エアコンちゃんと効いてるのかな……
なんか、後頭部が熱くてボーッとしてきた。熱中症かな……
えっ そんなに？
どしたんだろ急に…
ハァ
……って
あ゛あっぢっ
？
なにこの壁っ
？？
？
薄い壁の裏に、ナンの釜。
終
↑壁

きっと、今聞いたら懐かしくなるね、
あの音……

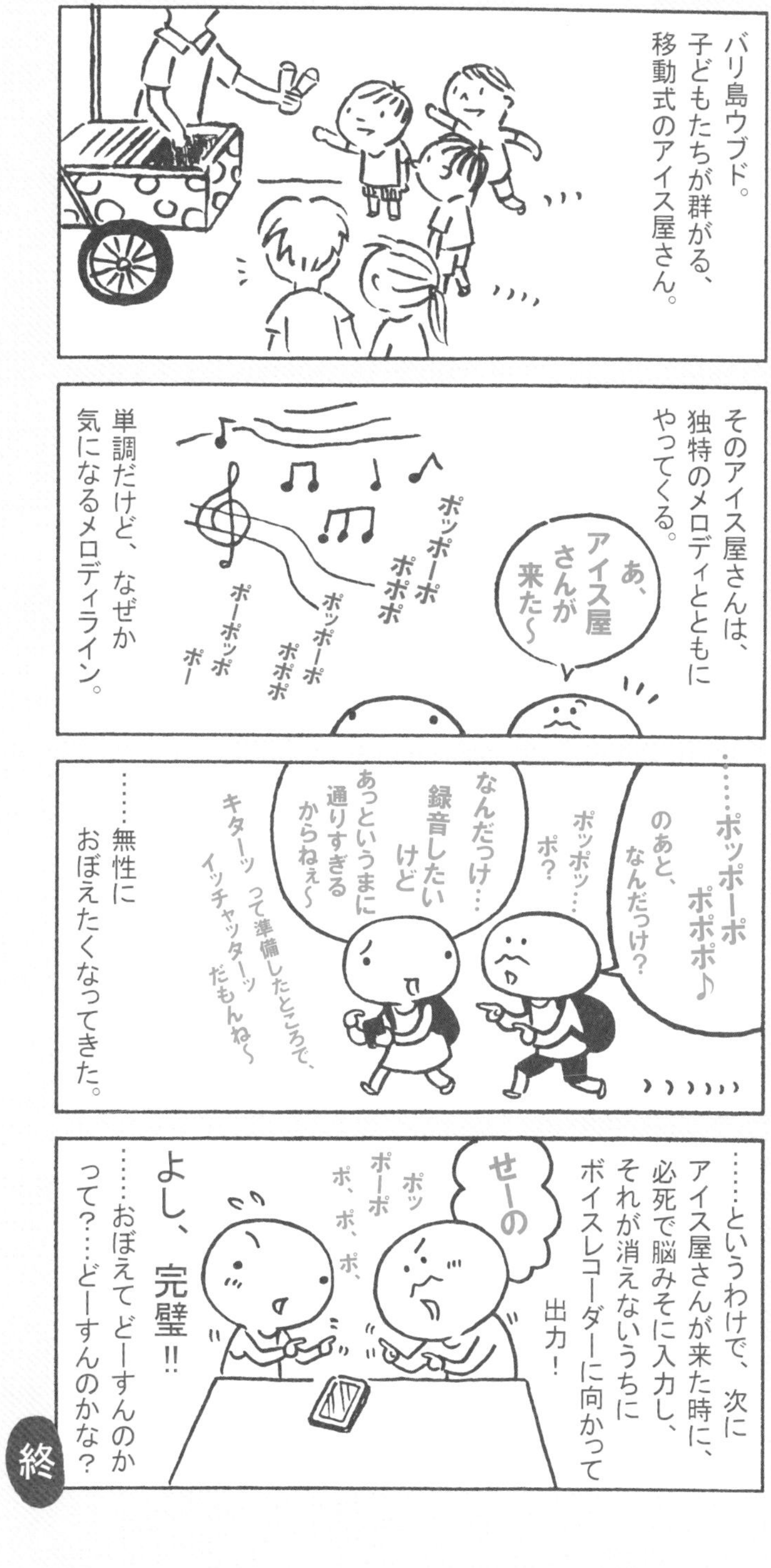
バリ島ウブド。
子どもたちが群がる、
移動式のアイス屋さん。
そのアイス屋さんは、
独特のメロディとともに
やってくる。
あ、アイス屋さんが来た〜
ポッポーポ ポポポ
ポッポーポ ポポポ
ポーポッポ ポー
単調だけど、なぜか
気になるメロディライン。
……ポッポーポ ポポポ♪
のあと、なんだっけ?
ポッポッ……ポ?
なんだっけ…
録音したいけど
あっというまに通りすぎるからねぇ〜
キターッって準備したところで、
イッチャッターッだもんね〜
……無性に
おぼえたくなってきた。
……というわけで、次に
アイス屋さんが来た時に、
必死で脳みそに入力し、
それが消えないうちに
ボイスレコーダーに向かって
出力!
せーの
ポッポーポ
ポ、ポ、ポ、
よし、完璧!!
……おぼえてどーすんのか
って?……どーすんのかな?
終

トッケーの鳴く夜のお話。

トッケー…

トッケー…

トッケー…

……ブグゥ…

おっ、はじまったぞ……

はー……

かわいい声だねぇ…

なんなのもぉ、
このあいくるしさは…

バリ島ウブドの宿。夜、テラスで涼んでいると突如聞こえてくる、コレ。

ブケケケ…という、咳払いのような前振りのあと、ヘリウム声で鳴きはじめる。

トッケー
トッケー…

トッケー
1回…

2回…

3回…

このトッケーの「トッケー」という声が7回続くのを聞けたらいいコトがある。……といわれている。

キュートなこの鳴き声を、日本に帰ってからも聞きたい！さらに、
生き物好きな甥っ子にも聞かせたいな～

みんなに聞いてもらってトッケーファンを増やしたい
そうだ、録音すればいいんだ。せっかくなので、「7連続」のやつを！

彼らは、夜中になると、庭先の茂みで鳴きはじめる。

zzz
キタ!!

ブケケケ
ブケケケケ…


↑脱落者。

よし今だ！
スマホを握って
ジャーンプ！
軽やかにステップ♪
そして静かに、かつ素早くガラス戸を開け……
声のするほうにマイクを向けて……
ハァ
ハァ
ハァ
トッケー
トッケー
トッケー
録る！
しかし、いつ鳴きはじめるかわからない彼らの声を、第一声から録音するのは難しく……
ハァ
ハァ
何回やっても、1つめの「トッケー」に間に合わない。
夜中にこのポーズでテラスに飛び出すこと、十数回。
……というわけで、トッケーの「音」土産は、第一声抜きの、6トッケー。
この声を聞くだけで、あの場所の空気感が蘇るね
癒されるぅ〜
でも、納得いかないなー次行ったら絶対7連続、いや、ぜひ「ブケケ…」から録りたいなー
トッケー
──耳に残る「音」土産、みなさんもありますか？
終

他にも、こんな音の思い出。

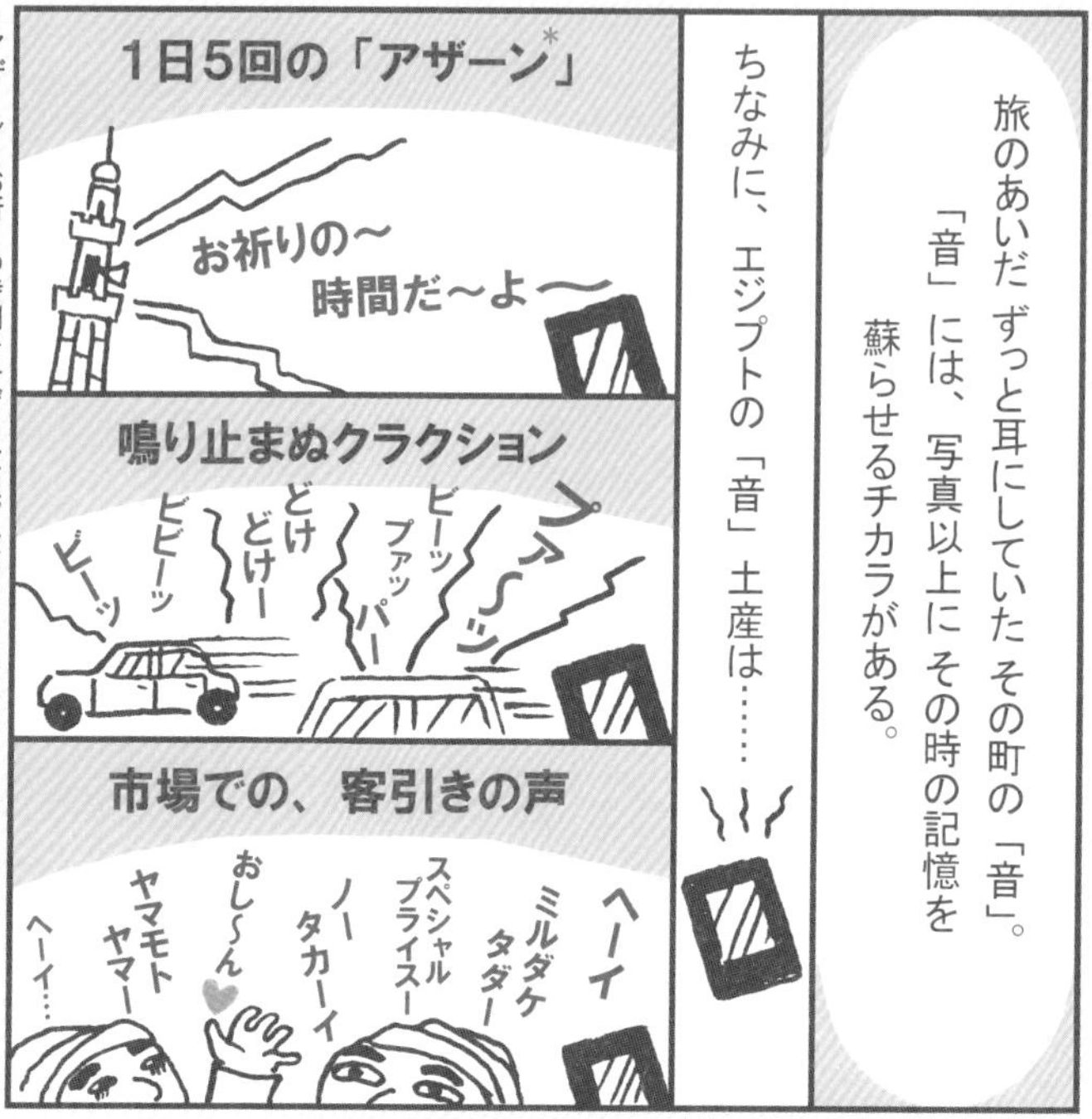

旅のあいだずっと耳にしていたその町の「音」。
「音」には、写真以上にその時の記憶を蘇らせるチカラがある。
ちなみに、エジプトの「音」土産は……
1日5回の「アザーン*」
お祈りの～
時間だ～よ～
鳴り止まぬクラクション
プァ～ン
ビーッ
ファッ
パー
どけ
どけー
ビビーッ
ビーッ
市場での、客引きの声
ヘーイ
ミルダケ
タダー
スペシャル
プライスー
ノー
タカーイ
おし～ん
ヤマモト
ヤマー
ヘーイ……

*アザーン＝お祈りの時刻を告げる放送。歌のように節をつけた男性の声。

そして、ポルトガルの「音」で思い出すのは……
半音ズレた、鐘の音
キ→ン
コ→ン
カ→ン
コォ→ォ→オォン
毎晩、深夜2時にやってくる、「空き瓶」収集車
ガガ
ガガガ
ガッシャン！
ドウィ～ン
ドウィ～ン
ゴンガシャ
ガッシャー
収集車の音は、録音してないのに、ふとした時に、脳内で勝手に再生される……
——どれも、意識して聞いていたわけではないけど、聞けば瞬間的に、ココロはあの場所へ飛んで行ける。

そして、ふと思った。

そーいえば「日本の音」ってあるのかな？
……そっか、「外国人観光客がコレを聞けば日本を思い出す」っていう、日本の音ね！
日本の音といえば、やっぱり、季節をあらわす「風流なもの」かな
花火の音、風鈴……セミの声、秋の虫の音……シシオドシや、そばを すする音も？
ズズー
…う〜ん、たしかに風流で日本らしいけど……どこでも聞けるってものではないからな〜もっと「日常的」に日本らしい音ってないかな……
あ
アレ どーだろ？横断歩道を渡る時のメロディ
あぁ！通りゃんせとか、ピヨピヨとか……

続く ←

現代の「日本の音」。１つ思いついたら、あれもこれもと、頭に浮かぶ。

駅のホームの、発車前のメロディもじゃない？

ファミマのメロディも……

コンビニに入った時のピロピロピロって音とか……それに続く、店員の「しゃーせーっ」(いらっしゃいませ)ってのとか？

じゃあ交差点でしゃべり続ける車も？

ヒダリヘ マガリマス ゴチューイ クダサイ ヒダリヘ マガリマス ゴチューイ クダサイ ヒダリヘ マガリマ
居酒屋の掛け声も独特だよね…

八百屋さん、魚屋さんも、そうかもね…

しゃべる自動販売機も……

サイレンの音も、他の国と違うかも…

お店が 閉店時刻を音楽で知らせるっていうのも、日本独特なのかな？

蛍の光っぽいやつとかアニーローリー……

おー、そうだね！

……あっ
だったら そもそも「お店のテーマソング」があるのって、日本独特なんじゃない？

家電量販店やスーパーマーケットの曲ってすごく耳に残るよね……

ん？

だとしたら、外国人にとっていちばん耳に残る「日本の音」ってもしかして……

最終日に
この店でお土産を
買ったならば……

おそらく
帰国するまで
ずっと……

彼らの頭の中で、
この曲が
エンドレスに
ぐるぐると、
鳴り響いている
ことでしょう……

あるいは

♪
ビーッ●
ビッ●　ビッ●
ビッ●
カーメラッ♪

かな

終

外国を旅するのって、
いろいろと刺激的だけど、
やっぱり、一番印象的なのは、
現地の人とのやり取りかな。

そうだね。
ほとんどがコトバも通じないし、
かえってくる反応も
予想外のことばかりだから、
常にドキドキ、緊張して。

だから、
通じ合えたと感じた時の
あの、ココロオドルかんじ！

ほんの小さなやり取りも、
今でも強烈におぼえてたり。

そう、
ほんとに小さな出会いに
すぎないんだよね。
深くなくていい、
長くなくていい、
「袖すり合う」くらいの。

それでも、
いつまでも
胸熱く思い出せる。

エジプト

アレキサンドリアのおじさん

姪っ子の誕生祝を買おうと、
ふらっと入ったベビー用品店。
店主のおじさんに、
「一人旅か？」と聞かれたので、
「じつは相棒がいて、体調を崩し
宿で寝ている」と言うと、
すぐさま店を閉め、車でまず
宿へ向かい、そして病院まで
連れていってくれた。
診察中もずっと付き添ってくれ、
帰りには、宿まで送ってくれた。
エジプトの旅では、
辛いことも多かったので、
このおじさんの無償の親切は
胸に沁みた。

2年後に
お店を探して会いに行くと、
私たちのことをおぼえていてくれ、
笑顔で迎えてくれたおじさん。

おお、君はたしか、
病気になった日本人！
おじさんっ！

ベトナム

ムオン族のワンさん

ベトナムの少数民族、ムオン族の
村を訪ねた時、高床式のお宅で
もてなしてくれた、ワンさん。
コトバが通じない中、
私たちが持っていったコトバ表を
穴があくほど見て、
「指」で会話をしてくれた。
ジェスチャーと、豊かな表情も
使いながら。

私　仕事　農業
民族衣装は　着ない
動きにくいから
昨年　父　弟
亡くなった　悲しい
私
姉
あなたたち　妹
日本に　帰っても
忘れないでね

「この村から
出たことがない」
と、寂しそうに
ほほえんでいたのが
忘れられない。
世界は広く、
自由だと知っている。
でも自分はそれを
選ぶことができない。
その目がそう訴えて
いるように感じた。

ワンさーん！

ハワイ

ハワイ島のアンネルさん

ハワイ島の、小さなホテルのオーナー、アンネルさん。数日過ごすあいだ、食事やダンス教室、催し物など、いろんなお誘いをしてくれた。一緒にワインを飲み明かした夜、たのしかったなぁ……

「ハワイ語でおつまみのことはププっていうのよ」
アンネルさんが用意してくれたいろんなププをすこしずつ組み合わせて、新しい味を発表する。
それをジャッジするゲームで盛り上がる3人の酔っ払い。
この組み合わせは どう？
クリームチーズと海苔
オノー
オノリシャス！*

＊オノ（ハワイ語で「おいしい」）＋デリシャスの造語。

笑いどころが近くて、ずっと笑い続けてた。私たちの仕事や、モノ作りが好きなことを、深く理解してくれた。最後の日には、「きっと気に入るわ」と言って、町のコミュニティセンターの、ハンドクラフト教室に連れていってくれ、1人1人に紹介してくれた。

また必ず来るのよ

エジプト

アスワンのハミーダさん

エジプトの南、アスワンの村を散策中。村の子どもたちに囲まれ、ちょっとした騒動に。

髪を引っ張られ、棒でつつかれ、石を投げられ、モノをとられ……そんな状態の私たちを、引きずり込むように自分の家にかくまってくれたハミーダさん。

外でなお騒ぐ子どもたちを叱りつけ、その合間に、私たちに気遣いの笑顔を投げかけてくれる。

すこしして、家の前を車が通る音がすると、外に飛び出していき、私たちを安全なところまで乗せていくよう、交渉してくれた。

早く乗りなさい、と促す彼女に、慌ててお礼を言う。笑顔で手を振ってくれた。

私たちを かくまったことで、村で立場が悪くなってないといいけど……と、ずっと心配だった思い出。

これ食べなさい
大粒のぶどう。

旅の思い出は、やっぱり、「人とのやり取り」？

『エジプトがすきだから。』『ベトナムぐるぐる。』（JTB パブリッシング）、『k.m.p. の、ハワイぐるぐる。』（東京書籍）でもかいてます。

長い人生のうちの、
ほんの数秒のやり取り。

相手は確実に忘れてるくらいの
些細な。

運命的な出会いでもない。

ただ道を聞いただけとか、
飲み物をオーダーしただけとか。

目が合って
ニコッとしただけとか。

でも旅人は、

その数秒のやり取りを
ずーっとずーっと
おぼえている。

その数秒があるだけで、

その旅が
よい旅だったと
思ったりする。

ミー

北部の町、サパ。
少数民族モン族の女の子、
ミー。

出会った時は
10歳だったが、
7~8年経った頃だったか、
風のたよりで、
結婚して、もう
おかあさんになっている
と、聞いた。

コトバが通じないから
沢山話したわけじゃないけど、
自分の子ども時代を
思い出させるような
女の子だった。

ベトナム

がんばれよ…

今この瞬間、彼女が、
自分の人生がしあわせだと感じて
生きていますように。

ダーマ君

サピット村の安宿の従業員、ダーマ君。
彼は、耳が聞こえず、文字も読めず……
理解できる言語を持っていないようだった。
差別があって
学校に通えなかったのかもしれない。
しかし、皮肉なことに彼は、
その村の誰よりも、
外国人観光客とコミュニケーションがとれ、
かつ、人気者なのだった。

彼は、手品が上手だった。
言語が苦手な彼にとって、
それはなによりのコミュニケーションツール。
賢く優しい観光客が教えてくれたのだろうか、
それとも自らで辿り着いたのか……

私たちは、身振り手振りと
そして「イラスト」で、彼と沢山、話をした。

インドネシア
ロンボク島

明日、
明日
上を指す
コレが欲しい
(ココは暑い)
汗を拭う仕草で
×2
×4
×2

ダーマ君、
どうしているかな。

ほほえむ人々

タイ

おお、そうだ、笑顔、笑顔

その笑顔がうれしいのはもちろんだが、それと同時に、自分が笑顔じゃなかったことに気づき、恐縮しちゃう日々でした。

コンビニの店員さんも。
作業中の方も。
いかついオッサンも。

キョーレツに「自由」な人々も……

ベトナム

列車の、寝台個室の扉を開けると、オッサン（乗客）が立っていて、謎のジェスチャー。「わからない」と言うと、同じジェスチャーを、延々と繰り返す。

自分を指さし、
強そうなポーズ。
ムンッ
そしてしゅんとして、
それが…
違うらしい。

エジプト

人をひきそうになって大爆笑してる家族。

あっ大丈夫!?
おもしろーい
転んだよ
アッハッハ
わっ

その感性にドン引き。

ポルトガル

「あれと同じものを」、と注文したらその皿から取ろうとするウエイター。

隣のお客さんが、コレを1つくれと言うのです
言ってない!

インドネシア ロンボク島

少数民族の小さな村。年配の女性全員が上半身裸。モシャモシャに丸めたタバコの葉を、口いっぱいにくわえて。

そして無表情。
男性は服を着ている。

チカンしながら道案内。つい間違えて「ありがとう」なんてお礼を言っちゃう自分に腹が立つ。

あっコンニャロ
何回ひっぱたいても笑顔で親切なまま触ってくる。
手の甲
一見内気で優しそうな人も。

エジプト

チカンやセクハラをする男は、当然「悪いヤツ」なのだが……チカンしながら親切、とか善人の顔をしたまま胸をもむ、とかセクハラに抗議すると「なぜ？」と真顔で尋ねてくる、など……常識が崩壊しそうな人々が存在する。

『ベトナムぐるぐる。』『チェンマイアパート日記。』『エジプトがすきだから。』『エジプトのききめ。』（JTB パブリッシング）、『k.m.p. の南の島ぐるぐる。』『ポルトガル 朝、昼、晩。』（KADOKAWA）でもかいてます。

どうってことのないやり取りで、その人となりを感じることもある。
このおじさん、絶対いい人……

サグラダ・ファミリア前のレストランで晩ごはん。
お飲みものは？
生ビールください
こっちはノンアルコールビールで
ビール、おまたせしました
……。
……はっ!!
生ビールでしたねっ
すみませんっ
えっ
あっそんなっ
繊細なおじさんに、私のココロの声が聞こえてしまいました……
終

ちょっと変わった客室乗務員さんと、
不思議な やり取りをたのしむ（？）

食事が配られ、コップにお茶が注がれ……食べはじめるとすぐに、コーヒー係がまわってきた。
コーヒー？
コーヒー？
え〜っ まだコップ あいてない し〜
食後にも まわってくるっしょ。 その時 もらお
——しかし、食後 一向にコーヒー係が来ない。
来ない なー コーヒー 飲みたい
ほんとに さっきので 終わり なのか なー
あっ、さっきの乗務員さんが 来たよっ
あっ、すみま せんっ
コーヒー いただけますか ？
すると彼（中華系）は、日本語でこたえた。
サッキ キター

続く←

そう言って、こちらの顔をじっと見てる……ついつられて
デモ イマ タベオワッター
パク
パク
カク
カク
……同じ口調でこたえる。
ジャークル。
と、いったん奥へ引っ込み……
ハイ キター
じょぼじょぼ
アリガトー
アリガトー
カンゼンニウツッター。
終

そして、私たちにとって、最も忘れられないのは、エジプトのみなさん。
相変わらず、翻弄され……

飛行機でカイロに到着。
空港から市内へ向かうミニバスと、交渉成立。
20ポンドね
大切な確認。→
2人で、荷物も含めて、だよね？
じゃ、お願いしまーす
はいコレ
あ、どーも……
…って
なにコレ
乗り込むやいなや、ドライバーからマイクを渡される。
どしたの？
どしたのって……
？
日本人、カラオケ好きでしょ？
あ、はい、好きです……
……って、
ええ？

続く←

——状況がつかめぬまま、歌いはじめる。
つ、つっきがー でーたー でーたー
カラオケといっても曲はなく、アカペラで。
エジプトの食べ物の名前を入れ、替え歌にしてみたら……
コシャリ食べいこー
ターメイヤ食べいこー
コフタ食べいこー
バミヤ食べいこー
ドライバー、大喜び。
続けて、知ってるアラビア語に、適当に節をつけて…
ショクラン アフワン
スタニナ シュワイヤ〜
タアーラ ヘナ
ヤッラ ヤッラ ハビービー
アイワ
ドライバー、大コーフン。
でも、そろそろ限界……
キビール アウィー
ノッスノッスー
イエムキン
モムキン…
ボクラ
ボクラボクラー
えーっと えーと
ひゅ〜
グーッ♡
——ああ、早くカイロに着かないかな。
終

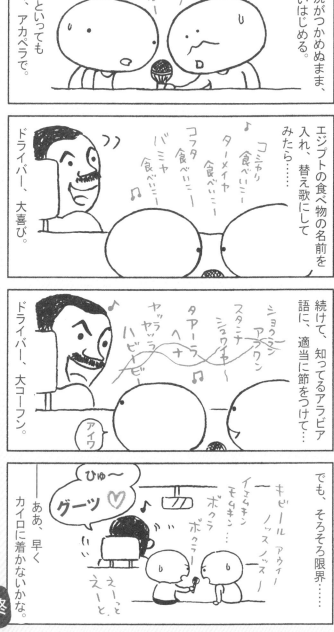

エジプト人パワーにやられるのは、私たちだけではないようで……
この人との出会いが、忘れられない。

ギザのピラミッドの「音と光のショー」を見学。ショーの終了後、隣の席に座っていた顔色の悪い男性に話しかけられる。
こんな風貌でも20代。
私はシリアから来ました
エジプトははじめてです
あなたたちもはじめてですか?
いいえ、3回目です
前回は2ヵ月滞在していたんですけど、今回は3週間だけです
えぇっ
そ、そんなに?
彼は驚いた理由を、吐き出すように語りはじめた。
そ、そーですか……
私は今日で3日めなのですが……もう、疲れました……
エジプト人は、なぜこんなに、人をだましたり、
ボッたり……うるさすぎるし
政府公認のガイドです
今日は神殿は休み！もっといいところに案内するよ！
ヘーイ ヘーイ ヘーイ ヘーイ ヘーイ
ココロが全く通じ合えません……
……ウンザリです……
あ、でも、このショーはよかったですね……
それではよい旅を……
あ、あなたたちも！
おだいじに……
そして、彼はうなだれたまま、暗闇に消えていった……
同じアラブ圏の人をこんなにも打ちのめす、エジプトの破壊力って……
終

旅でおぼえてることの大半は、
「大変だったこと」だよね。
文化やコトバの違いからくる
誤解、歯がゆさ、面倒なこと、
ハプニング、怖かったこと、
わけわかんない状況で
右往左往して……

たしかに、そんな思い出ばかり。
逆に、スムーズに進んだことは、
おぼえてない……

もちろん、旅してる最中は、
スムーズにいくことを
ココロから望むし、
危険も混乱も、本気で避けたい。
でも、帰ってきて思い出すのは、
「大変だったこと」なんだよね。

そして不思議なことに……
「大変だったこと」は、
何回も話したくなるし、
時間が経つごとに「笑い」になり、
「いい思い出」になり、
その旅唯一の「おぼえてること」に
なったりもする。

24時間OK！の意味

「24hours」とうたわれていたら、朝から晩までいつでも使える……と思うのが日本人。
そこに当然のように「例外」が存在するのが、外国。
そして、その「例外」が、18hoursくらいあるような……

24hours ホットウォーターの宿

……え？
他の客が
使い切ったから
今日のお湯は
終わり？
次使えるのは
明日、太陽が
出てから？？

お湯事情がよくない町で、お湯に惹かれて決めた宿なのに……。チェックインの時、ソーラーシステムを自慢げにアピールしてたじゃないか。

24hours エレクトリックの宿

電力供給は
午後6時で
終わりです
……。

電力事情がよくない村で「うちは発電機がある」って自慢してたのに……。そうか、そこにあっても「使う」とは言ってないもんね……そうか。

テイクアウト…OK？

持ち帰りOKのアイスクリーム屋さん。
それ用の容器もある。なのに……

ドライアイス？
……なんですか
それ

……ダッシュで
宿に帰りました。

＊ちなみに、エジプトでのお話。

24hours ネットカフェ

24 hours
OPEN!!
スタッフが
まだ来てないから
今は使えないよ
仕方ないでしょ、
どうしろと？
……。

こっちが理不尽なことを言ったかのように逆ギレ。

いっそのこと、「Sometimes」とかにしといてくれ。

そう考えると私たちは、
無意識にも 旅に、
困難や辛さを求めてるってこと!?

うーん……　というか、
「ココロが大きく揺さぶられること」
……を、求めているのかな？
だからもちろん、
辛いことだけじゃなく、
きゅんとしたことや
大笑いしたこと、
人の優しさが沁みたこと……
も、同じくらいおぼえてる。

そうだね。
そういうのもあった！
どっちにも大きく振れる
「自分の感情」、
それを味わいたいんだな。

それにはやっぱり
刺激の強い、
「わけわかんないことで
いっぱいの世界」に、
飛び込んでいきたいんだよね。

めんどくさい性分だなー

10号車が……ない！

乗り物は、ハプニングの宝庫。もともと苦手な分野なので、相当準備し、覚悟もしているつもりなのだが……毎回向こうは、想像を軽々と超えてくる。

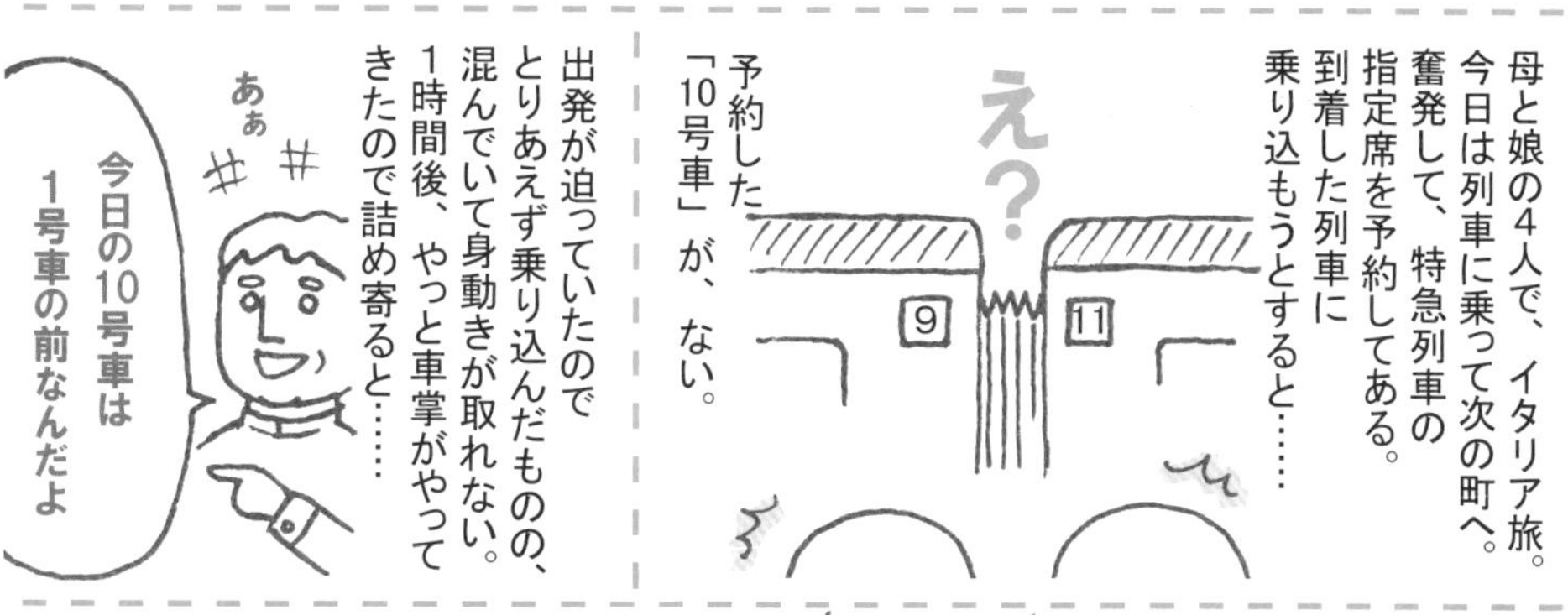
母と娘の4人で、イタリア旅。今日は列車に乗って次の町へ。奮発して、特急列車の指定席を予約してある。到着した列車に乗り込もうとすると……
え？
9
11
予約した「10号車」が、ない。
出発が迫っていたので とりあえず乗り込んだものの、混んでいて身動きが取れない。1時間後、やっと車掌がやってきたので詰め寄ると……
あぁ
今日の10号車は1号車の前なんだよ

ん？
……はい？
10は、9の次でしょ？
なんでそんなあたりまえっぽく言うの？
数字の意味がない

その後、もう一波乱あり、予約していた席に辿り着けたのは、到着の20分前……

予約をしようが下調べをしようが、「わけわかんないこと」からは、逃れられないのです……

結局、旅は……「わけわかんないこと」を体験しに行くこと？

『エジプトがすきだから。』（JTB パブリッシング）、『南の島ぐるぐる。』『おかあさんと旅をしよ～。』（KADOKAWA）でもかいてます。

なんだこれは？
どういうこと？
めんどくさい～
わけわかんないっ
はー、そうきたか、
うそでしょ？……

自分の国では、
そんな
「わけわかんないこと」
は、そうそうない。

だから、
お金と時間を使って、
わざわざ
そういうものを
求めに行く。

そこに置かれた自分の、
新しい感情に
出会いに行く。

どうやら
私たちと
旅とのカンケイは、
そんな
ややこしい
メカニズム。

安宿あるある

安宿では、困ったことが起こりすぎて、自分の「普通」の基準がおかしくなる。
たとえば、髪を洗い終えるまでシャワーのお湯が温かかったことにヨロコビを感じたり、
「真水のシャワー」に憧れたり……。 そう、水道も電気も、あたりまえじゃない。
驚きながら、時に怒りながらも、そのことを、毎回思い出させてもらっている。

先客さん登場
宿によっては、毎晩出没する彼ら。
バッグ類は必ず閉めること、
靴を履く前に、必ず中をチェックすること。

1日最低2回の苦行
ゆるゆるな鍵穴、
「正解の位置」を探って
挑み続けること、十数分。
「カギダコ」という
新語も生まれた。
←壁と扉の位置関係も重要。
押したり引いたり調整する。

毎度どーも
カビ臭い部屋、
食べかすの入った引き出し、
発電機並みの音がするエアコン、
絨毯を揉んだような、かたくて重い毛布、
前の客の毛だらけの枕は、
カバーを取ったら
シミだらけ……
ガガガガガ
ゴゴ
ガガガ
またか……

＊一応チェックしてから泊まってるつもりなんですけど…

おはようサプライズ
朝起きたら虫まみれだったり……
ベッドが真っ二つに
なってたり……

安宿あるある・水まわり編

お湯が出ない　恒例の水シャワー。

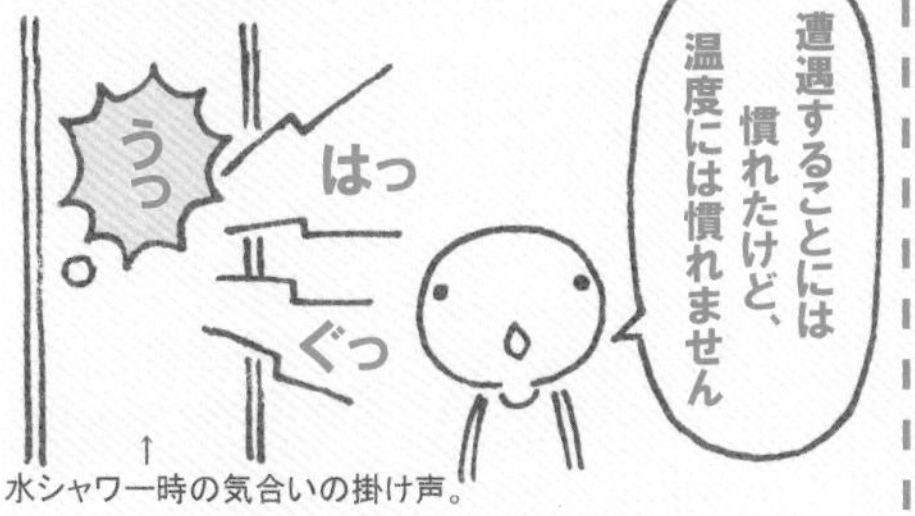
うっ
はっ
ぐっ
遭遇することには慣れたけど、温度には慣れません
↑
水シャワー時の気合いの掛け声。

ありえない水圧　たのしくない長風呂に。

「小雨レベル」
たとえ温かいお湯が出ても、たまる前に冷える
ざぶっ
「じょろじょろ１本」
切ったペットボトルにお湯をためて使う。

苦行スタイル　「可動式シャワーヘッド」が、いかに素晴らしいか……を感じる日々。

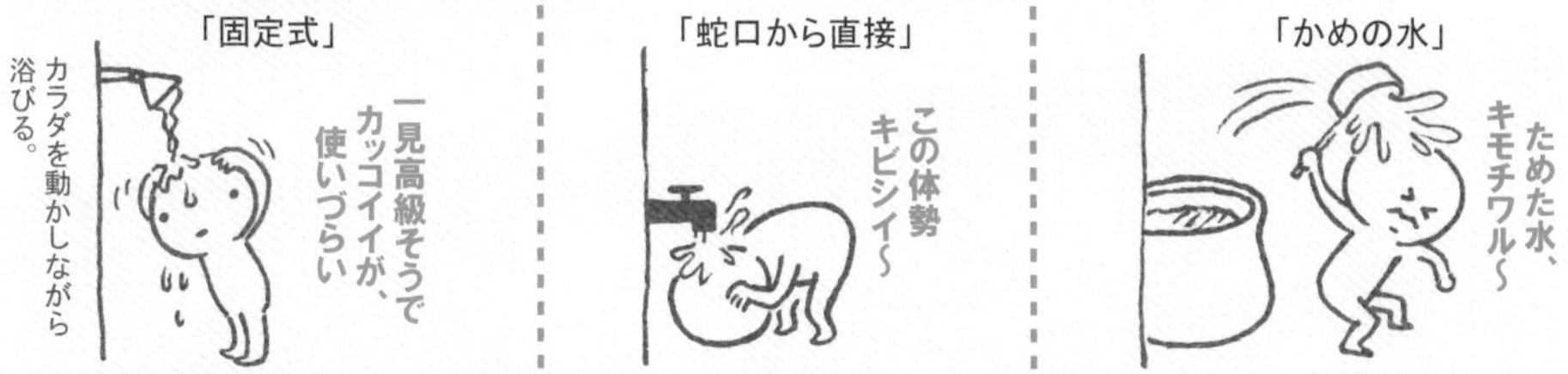
「固定式」
カラダを動かしながら浴びる。
一見高級そうでカッコイイが、使いづらい
「蛇口から直接」
この体勢キビシイ～
「かめの水」
ためた水、キモチワル～

逐一申請システム　電気や水を使いたい時、いちいち、坂の上のフロントまで行って「オン」にしてもらう。

歯磨き、入浴、ドライヤー、充電、トイレを流す……
その都度、坂道を駆け上がる。

とくに「お湯」は、電気がついてから温めはじめるので、
使えるまで 30 分くらいかかる。

フロント
水、頼みまーす
電気お願いしまーす
ハア
ハア
ハア
未舗装の坂道、およそ 100m。
雨の日も、暗くなっても……
部屋

辿り着いた対策（諦め？）

シャワーは、暖かい日中に、水でいい！
風呂なんて入らなければいい！
イエーイ
その分、観光ができなくなるけど。
「冷水」と「汗臭い自分」どっちを我慢するか。

真水 or 海水？　ある島では、ホテルのグレードは、
「シャワーが 真水か海水か」で決まる。

塩水ぅ!?
ペタ
斬新な選択肢
ペタ

『エジプトがすきだから。』『エジプトのききめ。』（JTB パブリッシング）、『k.m.p. の南の島ぐるぐる。』（KADOKAWA）でもかいてます。

用足しの苦労

旅でトイレに苦労するたび、男の人がうらやましくなる。
砂漠など、トイレのないところでは、常に「どこでするか」ばかり考えている。
あったとしても、流れるか、仕切りはあるか、鍵がかかるか、
どーやって使うんだ、それよりここ、ほんとにトイレなのか？

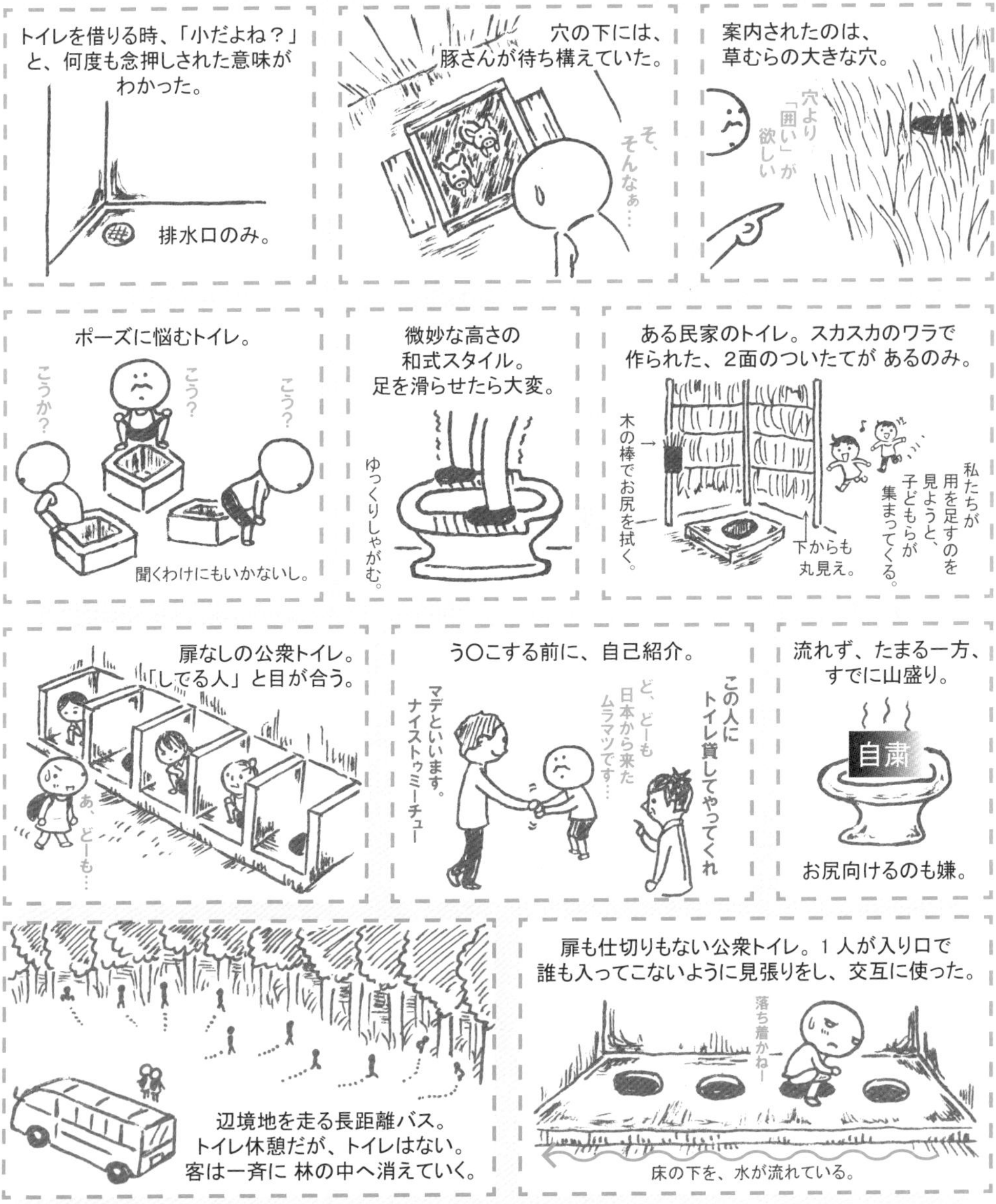
トイレを借りる時、「小だよね？」と、何度も念押しされた意味がわかった。

排水口のみ。

穴の下には、豚さんが待ち構えていた。

そ、そんなぁ…

案内されたのは、草むらの大きな穴。

穴より「囲い」が欲しい
ポーズに悩むトイレ。

こうか？

こう？

こう？

聞くわけにもいかないし。

微妙な高さの和式スタイル。足を滑らせたら大変。

ゆっくりしゃがむ。

ある民家のトイレ。スカスカのワラで作られた、2面のついたてが あるのみ。

木の棒でお尻を拭く。

下からも丸見え。

私たちが用を足すのを見ようと、子どもらが集まってくる。

扉なしの公衆トイレ。「してる人」と目が合う。

あ、どーも…

う○こする前に、自己紹介。

この人にトイレ貸してやってくれ
ど、どーも日本から来たムラマツです…

マデといいます。ナイストゥミーチュー
流れず、たまる一方、すでに山盛り。

自粛
お尻向けるのも嫌。

辺境地を走る長距離バス。トイレ休憩だが、トイレはない。客は一斉に 林の中へ消えていく。

扉も仕切りもない公衆トイレ。１人が入り口で誰も入ってこないように見張りをし、交互に使った。

落ち着かねー
床の下を、水が流れている。

＊今は改善されているところもあるでしょうし、名誉のため、地名は伏せたいと思います～

旅で大変といえば、虫。
とくにハエには、食事中、悩まされたなぁ……。

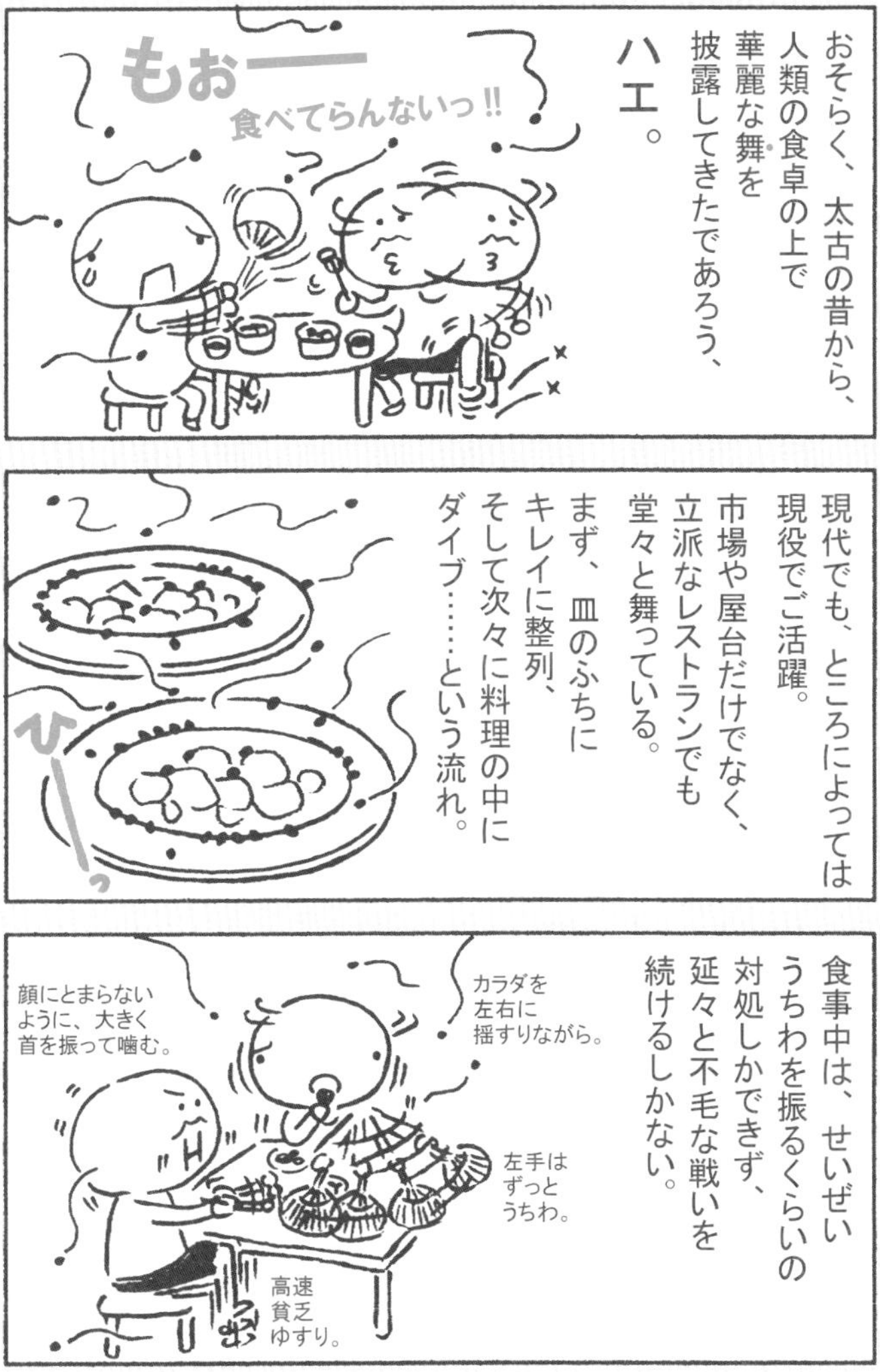
おそらく、太古の昔から、
人類の食卓の上で
華麗な舞を
披露してきたであろう、
ハエ。
もぉーー
食べてらんないっ!!
現代でも、ところによっては
現役でご活躍。
市場や屋台だけでなく、
立派なレストランでも
堂々と舞っている。
まず、皿のふちに
キレイに整列、
そして次々に料理の中に
ダイブ……という流れ。
食事中は、せいぜい
うちわを振るくらいの
対処しかできず、
延々と不毛な戦いを
続けるしかない。
カラダを
左右に
揺すりながら。
顔にとまらない
ように、大きく
首を振って噛む。
左手は
ずっと
うちわ。
高速
貧乏
ゆすり。
ある時、ふと思った。
「いっそ、ハエたちにも
ゆっくり食事していただい
てはどうだろう」……と。
彼らのぶんを取り分け、
すこし離れた位置へ置く。
そして私たちの皿には
ティッシュでフタをし、
しばし待つ……

続く
←

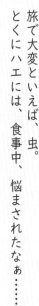

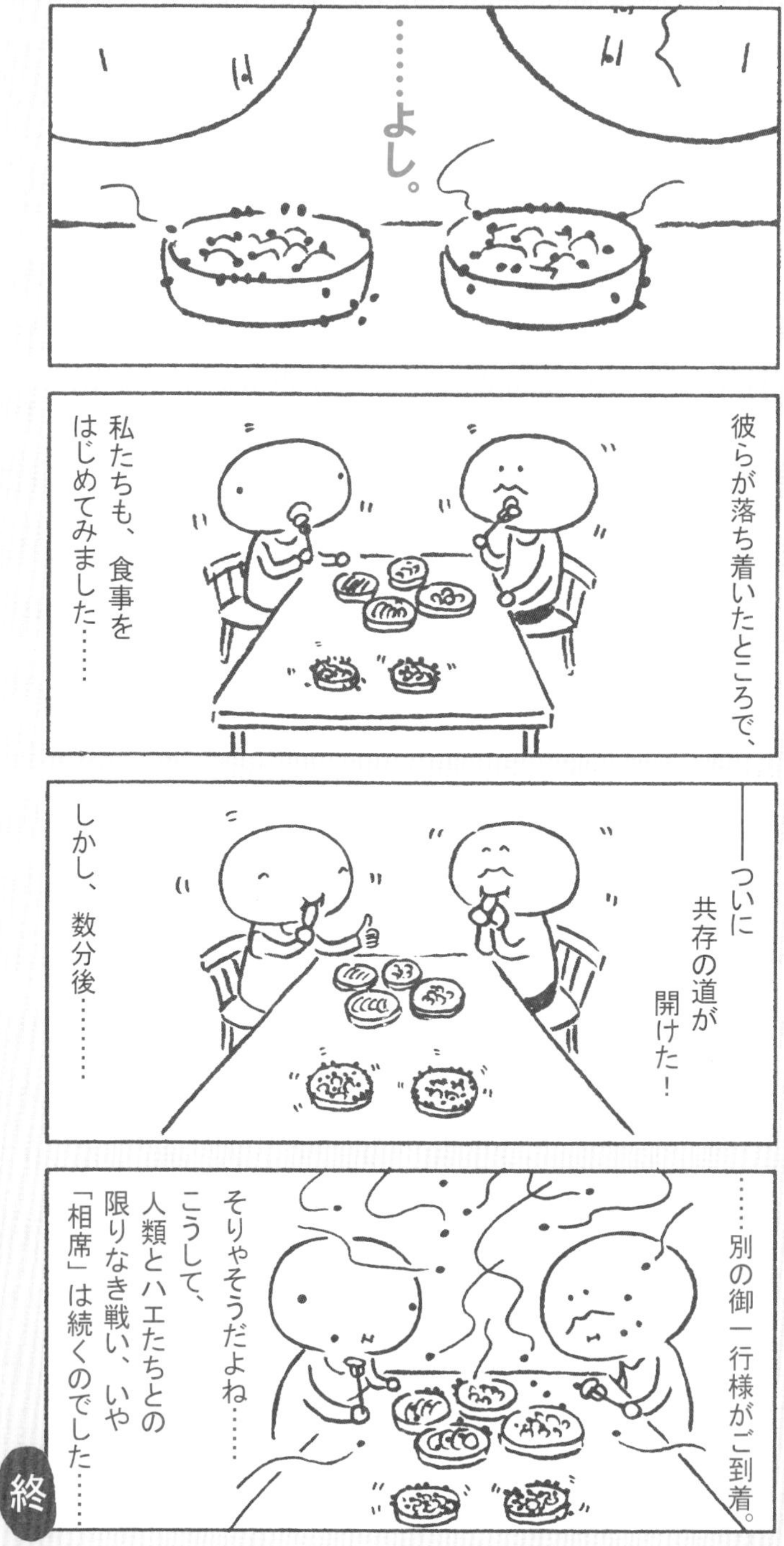
……よし。
彼らが落ち着いたところで、
私たちも、食事をはじめてみました……
――ついに共存の道が開けた！
しかし、数分後………
……別の御一行様がご到着。
そりゃそうだよね……
こうして、人類とハエたちとの限りなき戦い、いや「相席」は続くのでした……
終

今は、いろんなハエ除けグッズが出ているので、ぜひ、全種類持っていって試してみたい。それが今の夢……

そういえば、あれって なんだったんだろうね……
っていう思い出。

スペインの
とある
カフェ。
ヨーロッパの他の国からの
旅人カップルが、
オラー!!
また会った
ね〜!!
地元民の
知り合いと
バッタリ会った模様。
親しい間柄のようで、
満面の笑みで
こたえるカップル。
どんな会話なのか
大盛り上がりで、
話が弾んでる。
じゃ、友だちが
上で 待ってるから、
ちょっと 行ってくる。
また あとで 来るね!
→推測です。
と、彼が2階席へ
消えた途端、
出ましょう!
お会計!!
OK!!
行くわよっ
荷物をまとめ、
血相変えて出て行く2人。
……?
……いったい、
あの地元民
と……
どんな
いきさつが
あったのか……
終

「わけわかんないこと」というより、わかっているのに逃れられない、やっぱり翻弄されてしまう……という思い出。

グアム島で、シュラスコ食べ放題の店へ。

肉、肉♥

もっともっとー♥

スタッフが、串刺しにした肉の塊を持ってまわり、ジューシーな肉片を、皿に そぎ落としてくれる。

お目当ては、この牛肉。外は カリカリで香ばしく、中は キレイなピンク色！

いっただっきまー…

ハロー!!

ハーイ！チキンはいかが？

オイシーイ♥

あ、チキンはいらないです
断ると、思いっ切りオーバーに落ち込む彼。

しゅん……

ええ〜……

いらないの〜？ホワーイ……

ハァ…

え…

そして、その悲しい表情のままそこに立っているので、たまらず…

あ、じゃ、ちょ、ちょっとだけもらおうかな？

パァァ…
えっ♥ほんとに?
わ〜い
キャハキャハ♥
まるでコントのような変わりよう。
さて、牛肉の係はどこかな?
キョロキョロ
ハーイ! もっとチキーン?
いや、チキンはもういいです
ええ〜…
なんで? ヒドイ……
しゅ〜ん
みんなビーフばっかり…チキンだっておいしいのに…
……彼のこのパフォーマンスには、なぜかあらがえない魅力があり、ついつい……
…オッケーじゃあ、ちょっとだけね
パァァ…
わ〜い
キャハ♥
単なる彼の個性なのか、はたまた店の戦略なのか…なんだか、チキンだけが食べ放題……
続く←

それでもやっぱり
それなりに高いお金
払ってるんだから、
牛肉が食べたい。
あ、
牛肉係
いた!!
すいませぇ〜んっ
その牛肉係というのが、
チキンの彼とは
打って変わって……
暗い。
あ、
あの…
店内を
漂うように歩き……
……とても声が
かけづらい雰囲気……
誰とも目を合わせない。
おまけに……
えっ
無視？？
聞こえないのか
聞こえない
ふりなのか……
くるっ

こうなったら
どうしても
牛肉が食べたい！
すいませぇ〜んっ!!
恥をかき捨て、
大声で牛肉係を呼ぶ。
ハーイ!!
わぁい
チキン？
おまたせーっ
キャハ
……ビ、
ビーフ
プリーズ……
や、やっぱり
店の戦略なのか？
だとしたら、
怖ろしく見事な
人員配置………
終

そういえば、ずいぶん前に行った
日本のシュラスコ屋さんでも……

渋谷にあった
シュラスコ屋さん。
イエーイ
ヒャッホー
その店では、
食事の途中で
生バンドが はじまり…
さぁ、踊りましょーっ
ハイ、あなたもっ
えっ！
ノリのいい店員に
なかば強引に誘われ……
♪ジャンジャカ
♪ジャカ
♪ジャカ
輪になってテーブルを囲み、
ステップを踏みながら
ぐるぐるまわる……という
ダンスタイムがあった。
「90分食べ放題」のうち、
20～30分は踊っていて
肉にありつけないという……
肉ぅ〜…
……やっぱりこれも、お店の
戦略……いえ、企業努力
だったのでしょうか……
終

これ以上、わけわかんないことってないかも……っていう思い出。

タイ・チェンマイで、どうにも歯が痛くなり、日本人女性の歯科医がいるという病院を紹介された。
ここだね…
イスに座って、先生を待つ。
ヨシコ先生って言ってたっけ
外国だから緊張するけど、日本人の医師なら安心だ。
しばらくすると、なぜかタイ人女性があらわれた。そして…………こう言った。
コニチハー ヨシコデス
え？ あ？ えと、ヨ、ヨシコォ？ あ、あなた日本人じゃないですよね ？？？
…ヨシコデス
ウィ～ン
ちょちょ、待って！ ヨシコ先生をプリーズ！
ヨシコデス
ウィーン ウィ～ン
どー見ても 違うでしょ！ 日本人じゃないでしょ！ 無理無理無理無理無理 ヨシコ、プリーズ！
症状の説明もできないし～
OK、OK、WAIT WAIT……
（ちょっと待って）
断固拒否し続けると、彼女は そう言って去っていった……
なっ… なんなの？ ？

続く←

彼女がいなくなって数分、新たに人がやってくる気配が。
あ、ヨシコ先生…
ハーイ
よろしくお願いしま…
……って
ええ
どう見ても「さっきの人」。
さ、さっきの人ですよね？
今はじめて来たみたいな顔して……
??
……
そのマスク変装のつもりですか
…ヨシコデス
ヨシコ先生は!?
日本人のっ!!

くるっ
……すると、無言で去っていくニセヨシコ。
なんなんだ？
そして誰なんだこの人……
ギモンが徐々にキョーフに変わり……
逃げるように病院を出た。
しかし、翌日も歯痛がおさまらず、仕方なく出直すことに……
すると、すんなりとホンモノのヨシコ先生が登場し、
はいっ、よくすすいでくださいね
…無事、治療してもらった。
ブクブク
じー
ニセヨシコ
……あっ
終

一体なんだったんだ……
ニセヨシコ……

「なんで?」
「なにこれ?」
「一体なんだったんだ?」

……………

私たちの旅行記は、
そんなギモンのまま
終わっているものが多い。

時折、親切な読者の方が、
「あれは○○なんですよ」
と教えてくださる。

教えていただいたところで気づいた。

私たちは、こたえを求めてなかったんだと。

なんで? と、感じること自体が、

なにこれ? に、出会うこと自体が、

そして、
それらに翻弄されること自体が、
たのしかったんだと。

それらに出会いたいから、
旅をしていたんだと。

突然コラム

今すぐ戻りたいあの場所 ♥

今すぐ戻れるなら、飛んで行けるなら……こんなとこ。

バリ島 ケチャダンスに酔いしれたい

ダンサーも観客も一体となる、不思議な高揚感。
あの熱気ある空間に、飛び込みたい。

チャッ
チャッ
チャッ
しかし、今となっては究極の「密」だな

スペイン バルセロナのバル巡り

無数にあるバルを、1つでも多くまわりたい。
メニューも制覇したい。

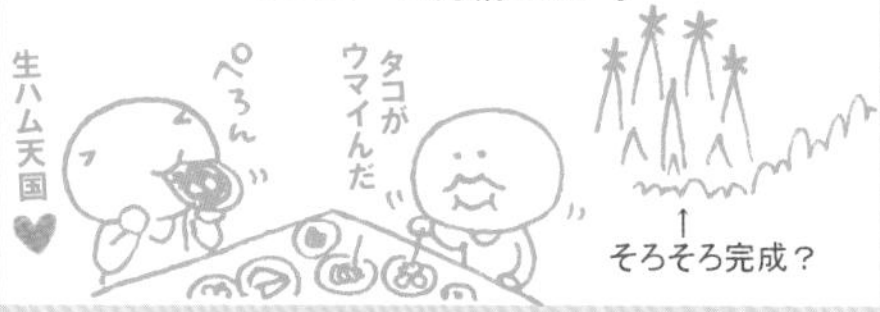
生ハム天国
ぺろん
タコがウマイんだ
そろそろ完成？

エジプト いろんな砂漠巡り

黒砂漠、白砂漠、カラフルな砂漠、
砂丘、水晶の山……。レンタカーを借りて
自分たちのペースで、じっくり見てまわりたい。

ガリガリ
サラサラ
キラキラ

イタリア また、おかあさんと旅をしよ〜

かつて母娘でまわったイタリアの町を、
なぞるように旅したい。
とくに、塔の建ち並ぶサンジミニャーノ。

また来たよ〜っ

世界中のお菓子、もう１回

おいしかったものも、？だったものも、全部
もう1回確かめながら食べ直したい。

スペインのチョコ
ポルトガルのプリン
モロッコのクッキー
ベトナムのチェー
マカオのタルト

エジプト・ダハブ 紅海で「ちゃんと」シュノーケリング

はじめてシュノをした場所。でもその時はビビッて
数秒しか顔つけてない……なので、リベンジ！

海の中恐怖症
一瞬しか見てないけど
すっごく色鮮やかだった
記憶。
でも、
足がつって
溺れかけたん
だよな……

ニューヨーク 父と歩いたセントラルパーク

父ともう一度旅をしたい。
一緒に歩いた公園へ、
今度は暖かい季節に、のんびりと。

エジプト ベニハッサンの岩窟墓をゆっくり鑑賞

墓の門番に急かされ、じっくり鑑賞できなかった
思い出。今なら屈せずに居座る自信あり！

よし、閉場時間ギリギリまで見倒すぞ！
このお墓は、
おもしろ壁画満載で
おすすめ。

ハワイ 屋外で昼寝

心地よい風が吹く中、芝生でゴロゴロ。
ここでしか味わえない、至福の昼寝。

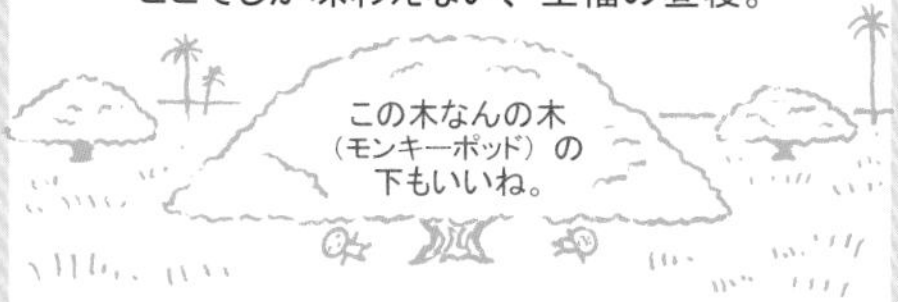
この木なんの木
（モンキーポッド）の
下もいいね。

モロッコ 大砂丘を果てしなく

見渡す限りオレンジ色の、砂の海。
ここで、朝から晩まで砂に まみれる。
……を1週間くらい希望。

突然コラム

思い出して切ないこと

今でもココロに引っかかっていること、
それは、ほとんどが、
「人との出会い」にまつわることでした。

池上物語の、池さん

台湾・池上駅の、貸自転車屋さんの池さん（仮名）。日本の教育を受けた世代で、日本語を思い出しながら、昔話を語ってくれた。もっとお話ししたかったけど、予約した電車の時間が迫っていたので、途中で切り上げてしまったのが、心残り。

しじみっ
電車なんて どうでも よかった……
もっと お話しすれば よかった……

ごめんなさい、ワンさん

ベトナムで出会った、ムオン族のワンさん。優しく迎えてくれ、私たちを、妹と呼んでくれたのに……その時にした「写真を送る」という約束を、じつはまだ果たせていない。なぜなら……

長旅の間に 住所のメモを なくしてしまったから。
ーーない。
ずっと待って くれているかと思うと、 胸が締め付けられる。 ワンさん、 ほんとにごめんなさい。

謎の、モハメド

とっても親切なモロッコ人……として現れたモハメドさん。
でも、「なんか怪しい……」と感じ、翌日の食事の約束をすっぽかしてしまった。

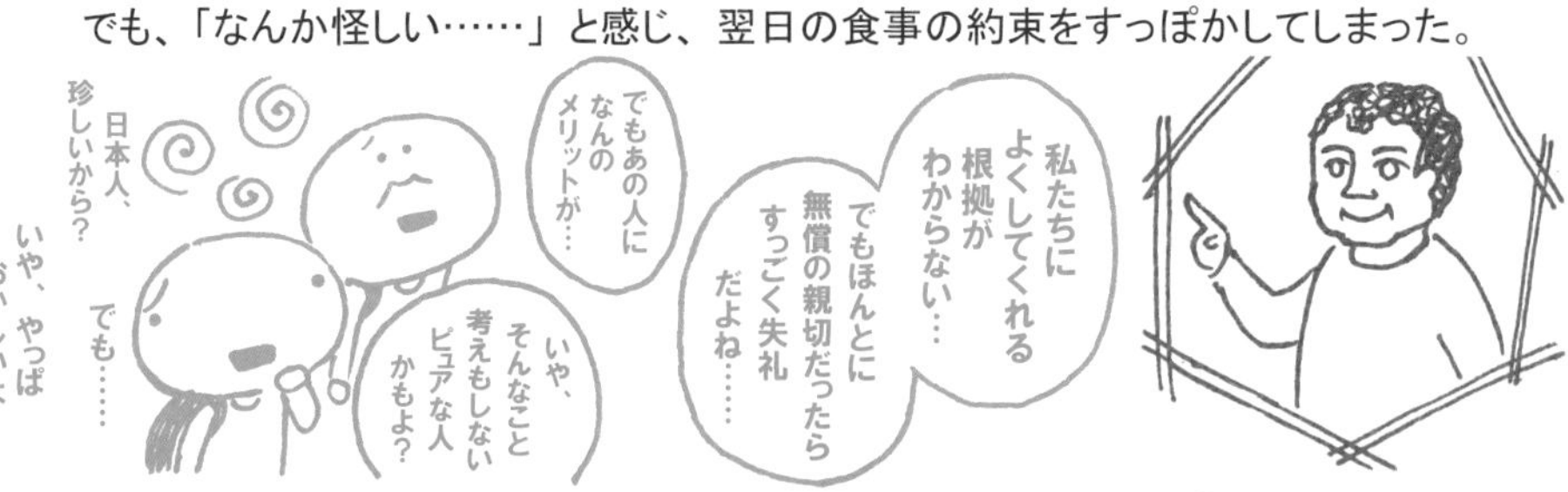

私たちに よくしてくれる 根拠が わからない…
でもほんとに 無償の親切だったら すっごく失礼 だよね……
でもあの人に なんの メリットが…
いや、 そんなこと 考えもしない ピュアな人 かもよ？
日本人、 珍しいから？
でも……
いや、やっぱ おかしいよ……

彼に限らず、旅には、この「モンモン」が必ずつきまとう。9割方「危険」なのだとは思うが、もし、いい人だったのなら、大変失礼な態度をとっているわけで、その葛藤は、もう、フリー旅には ついてまわるもの、と覚悟するしかない。

突然コラム

テッパン思い出話

私たちのあいだで、今までもう、何十回も思い出し、
そのたび爆笑したり、きゅんとしたり……の
内輪的テッパン旅話。（しかし全部エジプトだ）

アハハハッ
あれ ヤバかったよね～
バカだったね～

セレクト 王家の谷で「噴火」

ルクソール、ハトシェプスト女王葬祭殿への道。

葬祭殿への岩山を、自分の足で越えようと登りはじめると、ガイド風のおっさんたちが次々に現れ、「あっちだ」「こっちだ」といい加減なことを言ってくる。暑さで朦朧（もうろう）とする中、ウソばっかりな彼らについに怒りバクハツ。

てめえ
この道だって
言ったじゃ
ねぇかよう！
つつったじゃ ねぇかよう
たじゃ ねぇかよう
…かよう
…よう…

世界遺産に、低俗なオタケビがこだました……

セレクト モーゼか天女か

長距離バスで、アレキサンドリアに到着。

ヤバイ、漏れる！
町に到着するやいなやバスを降り、トイレを求めてダッシュ。

あ〜っ

その鬼気迫るさまに、人々は道を開け、トイレの方向を指さしてくれたという。よく考えたら、その形相を、実際には見てないはずなのに、なぜかありありと目に浮かぶ。

セレクト 間違えた曲

シナイ山登頂。ご来光を待ちながら……

ご来光と同時に聞こうと用意していたシンセサイザーの神秘的な曲……

……のはずが、どう間違えたのかオカリナの曲が流れ、妙にアンデスでポップな雰囲気に……

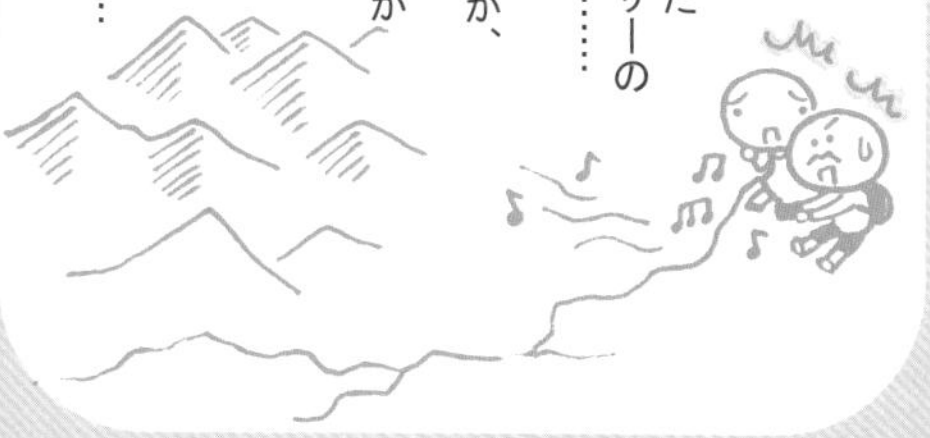

セレクト なんでトラクター

テルエルアマルナ、*イクナートンの墓を訪ねて。

ほとんど観光客が行かない土地。見学をお願いすると、用意されたのは、なぜか特大「トラクター」。

鉄板の上に座らされ、乗り心地は最悪。悪路でカラダは浮き上がり、何度も屋根で頭を打った。

途中、運転を任され、ギモンを持ちつつも、素直にハンドルを握るムラマツ。

フツー
ジープとか
じゃない？

＊最近の表記はアクエンアテン。一神教をはじめた異端の王。ツタンカーメンの父。

セレクト 帰りたくない不思議

カイロの安宿にて。

2人で最初の旅、エジプト2カ月。残りが1週間に迫った時の、あの「帰りたくない」というキモチを、鮮明におぼえてる。

ビビ
くやしい
なんでだ

ツライコト9割の旅だったのに……

セレクト ベッドの上の5日間

アスワンの記憶＝ホテルの天井。

町に着いたその日から、熱中症でダウン。数時間で治るかと思いきや、数日寝込み、滞在を延長した。

なんで
ニッシャビョーが
こんなに何日も
治んないの？
ヨーグルトと
ジュース
どっちが
食べられ
そう？

当時はまだ、熱中症で死ぬこともあるとは知らず、ただただ寝ていた。今思えば危なかった……

突然コラム

今こそ？旅の整理

忙しいのを口実に、後まわしにしてきた
旅の写真などの整理。
やるなら今かも。

昔のように、
プリント店の袋のまま山積みに……
ということはないけど、
メモリーカードに入ったまま、
それを引き出しにしまったまま、
あるいは、スマホやパソコンの中で、
データがあっちこっちに………

そわ〜
メモリーカードに保存してた写真、久々に開いたら、壊れていて見られなかった経験アリ。

いつかやろうと思ってた、

◆データの整理

◆いい写真を選んで、
一緒に行った人にプリントして渡す

◆紙モノの整理

……など。

観念して、今こそ整理、やりますか。

でも簡単に

私たちの場合…
ひねりなさすぎじゃない？
シンプルで簡単なのが一番なのよ

写真の整理

①パソコンに取り込んで、
日付と場所をタイトルにする。

旅

日付を前にすれば、自然と行った順に並ぶ。

- 2016 台湾写真
- 2017 タイ写真
- 2019 香港写真
- 2019 香港資料

「写真」だけでなく、左の「紙モノ」も、データにすればスッキリ。

地道にスキャン

②余裕があれば、失敗写真を削除したり、
いい写真をピックアップしたり……

③さらに余裕があれば、
いい写真をプリントして飾ったり、
旅の同行者に送ったり……

紙モノの整理

ほったらかし状態の

- 旅の書類
- 日記やメモ
- パンフレット
- チケットの半券
- レシート
- ⋮

↓

・明らかに「捨てられるもの」は捨てる。

・「とっておくもの」と、
「捨てるか迷ってるもの」は……

↓

2019
香港
MAP

マステでタイトルを付ける。

とりあえずこんなケースに入れて、ひとまとめにしておこう。

数年後、またどうするか考えればいいよ

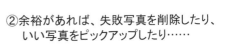

突然コラム

旅した人と、旅を語ろう

集まれない状況も
あったりしますので、
臨機応変に
お願いします〜

一緒に旅した人と、
旅の思い出を語ろう。

自然に出る
思い出話も
たのしいけど、

ちゃんと
アルバムや
動画を用意して、

その国の
お茶やお菓子を
用意したりして、

じっくり
たっぷり
どっぷり
思い出す時間。

もしかしたら、

もう一回
旅したくらい、
たのしい時間に
なるかもしれません。

母たちと、旅の思い出話の会

母たちと4人で会うと、自然と
イタリアの旅の思い出話になる。
でも年々、
思い出が固定化してきて……

あの塔の町、寒かったよねぇ
名前なんだっけ
部屋からの景色がよかったねえ
あれどこだっけ
モッツサンドがくさかった

ほぼ、この3つの繰り返し。

そこで

イタリアっぽいおつまみを用意して、
写真や日記を見ながら おしゃべり。
すると、次々と記憶が蘇り……

再生するよ〜
あぁ、おぼえてる
この教会からピアノの音が聞こえてきたんだよね
あ
このゴンドラの人！
歌ってくれなかったんだよ〜
（大成功♥）
イタリアで買ったマグカップ
動画
日記やメモ
オリーブ
アルバム
チーズや生ハム
パンフや資料
ワイン

「ヒント」を
目の前に広げて、
「それぞれの記憶」を
出し合ったら、
思い出が増えました。
増えた状態で、
記憶を上書き保存〜

お手軽にやるなら、その国の
料理のレストランに行くのも。

この絵、現地で観たよね
いや、観てない

突然コラム みんなの旅

それぞれの胸の中にある「旅」。読者のみなさんに「旅の思い出」を聞いてみました…

カナダのコロンビア大氷原に行ったとき、「この水を一口飲んだら十年若返るよ！」と言われて、友達とみんなで飲んだこと。当時10代だったのに三口くらい飲んだような…（笑）（シュウちゃんママ・20代女性）

伊勢神宮に行ったときに二見浦にも足を伸ばしました。そこで赤福氷を食べたお店の様子が不思議と忘れられません。よく晴れた夏の朝、開店直後で誰もいない静かな店内。日が燦々と照りつける眩しい外界と薄暗い店内のコントラストが印象に残っています。（ヨシ子・40代女性）

大学卒業後、私は神奈川、友人は埼玉の中学校教員に。夏休みの部活指導の合間をぬって、毎年２人でドライブ旅行。北海道・九州・東北・金沢……。いつもしっかり“しおり”を作って。表紙をレタリングし、目標，持ち物，約束，日程，メモらん……。“しおり”を作っている時から旅は始まっていたんだなあ。（パソコンが苦手な数学教師・50代女性）

10年程前、両親と姪っ子と北海道旅行中にたまたま行った、『函館公園こどものくに』。日本最古の観覧車に、思いもよらない動きをする乗り物!!　笑いと悲鳴が入り交り、帰りには、次は全ての乗り物、制覇したいね～、と話していました。（マミ・40代女性）

弟家族が住むウィーンに２回旅行しました。弟が準備してくれたアパートに滞在。近くには旅行ガイドブックで紹介されている建物などがたくさん。朝ごはんは近くのスーパーで買い出し、調理。エコバッグを忘れて商品をそのまま抱えて帰ることも。プチ住民気分の海外旅行をまたしたいです。（信・50代男性）

11年前、元警察官のりょうさんとバイクで回ったホーチミン。排気ガスで顔を真っ黒にしながら、郊外の町で野良犬に追われたり、カオダイ教の寺院を訪ねたりしました。お坊さんから出していただいた生水を断るのが申し訳なくて「お腹を壊さないで！」と祈りながら飲んだのがドキドキ楽しかった思い出です。（とりい・30代女性）

P92に続く

その2

ある時は、
ベトナムの旅気分に
浸りたくて、
ベトナム食材を
大人買い。

新しい旅に出られないなら、
おうちに旅を持ってこよう。

それには
「食」が手っ取り早い。

食べ物には、
沢山の思い出が、
五感とともに
詰まってるから。

日常に、旅を取り入れよう。

食べ物の記憶って、「五感」総動員だよね。

たしかに。味だけじゃなくて、見ため、におい、歯ごたえ、温度、そしてお店の雰囲気も……「食」には、いっぱい詰まってるもんね。

だから、よくおぼえてるし、忘れていても、食べると一瞬でいろんな記憶が蘇る。

でも、だからって、その味を求めて日本にある各国料理のレストランで食べると、なんか違うんだよね…

うん、なんだろ、物足りないというか……クセがないのかな。

そうかも。そして……おいしすぎる？日本人向けにアレンジされてて。

だね〜

現地では、たしかにおいしいとは言えないものにも出会うけど、

買ってきたはず。この機会に使ってみよう。

調味料や食材 日本に帰るとなぜか急に食べる気が失せる、または、いつか…と思ってるうちに賞味期限が迫ってしまう。知人へのお土産にと多めに買ってきたものが大量に手元に残っている場合なども。

袋入りの粉末 / 中華っぽいもの / アジアっぽいもの

インスタント麺 / ○○の素 / 乾燥キノコ

つい買っちゃったエッチな形の… / 個性的なお茶 / 謎のスパイス

＊まだ間に合うようなら、ぜひ食べてみよう！

「おいしい」って不思議

海外で【最初おいしいと思えなくて、
でも何回も食べているうち「これじゃ
なくちゃ！」と思えてくるもの】
の代表が………パン。
かたいパン、酸っぱいパン、
甘いパン、ジャリジャリのパン……
様々だけど、
現地の人がずっと食べてる
味だからか、数回食べると、
そのクセが いつしか、
なくてはならないものになってくる。
「味」って、「おいしい」って、
不思議だな、と思う。

外国の人も、
「白米」や「うどん」や「そば」を、
同じように感じてくれているのかな。

なんというか、
それもひっくるめて
現地の味というか、
懐かしく思えるというか……

そう、旅の「食」は、
おいしいかは、二の次。
確実においしいものより、
知らない料理や食材に
出会いたいキモチのほうが
勝ってしまう。

失敗の中に、時々
すばらしい出会いがあるから、
よけいに、忘れられない味に
なるんだね。

そして、味だけじゃなく、
「五感」総動員の記憶付き、
だしね。

やっぱり、
もう一度出会いたかったら、
記憶を辿りながら、
自ら料理するのが
一番の近道なのかな～

おうちで、
再現してみよう、
旅ごはん。

旅で買ってきたもの、使おうよ！

いつか使おうと思いつつ棚の奥にしまっていませんか？　きっと、おうちで再現しようと思って

道具　おうちで現地の料理を再現しようと、
重い＆かさばるのを、頑張って
持って帰ってきたはずなのに……

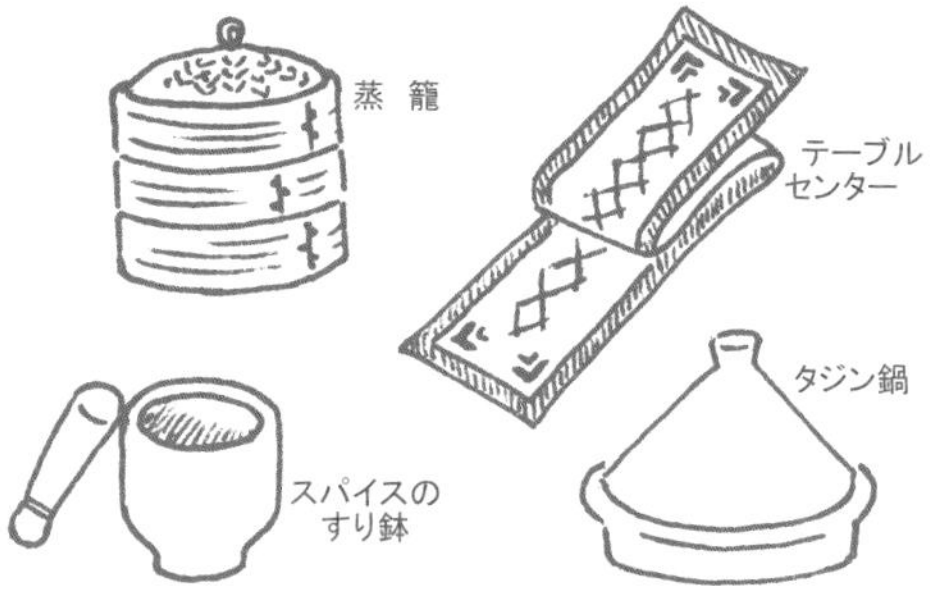
蒸籠
テーブルセンター
タジン鍋
スパイスのすり鉢

＊他にも、コルク栓、ニンジンしりしり、ココナッツ削り……など。

食器　ここぞという時に使おうと思ったきり…
または、食生活の違いで出番がない…

中国茶器セット
エッグスタンド
ティーカップ
種入れ付きオリーブ皿

＊ご当地スプーンや高級グラスなど、しまい込んでいませんか？

番外・愛用してるもの

やはり生活に合ったものは
日々、活躍しています。
私たちの場合は こんな。

←メラミンの食器
イタリア製ビネガー＆オイル入れ

小皿
いろいろ

グラス類

＊他にも、ランチョンマット、鍋敷き、トレイ、チーズ切り、塩胡椒入れ……などは使用率高し。

**これらを使って、
おうちで旅ごはん、
作ってみよう～**

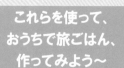

外国カフェ

料理よりもハードルが低い、
まずは「カフェ」から
再現してみよう。
おうちで、外国カフェ。
ほんとはそれがやりたくて、
いろいろと道具を
買ってきているんだけど、
なかなか日常で
使っていませんでした。

モロッコのカフェ

ミントティー＝メンテ。お茶の葉は中国緑茶。特徴は、とろとろに感じるくらい、たっぷり砂糖を入れること。そして、生のミントの葉を、マドラー替わりにすること。＊

＊最近は甘さは控えめで、生ミントを使うことも少なくなってきたかも。

↑モロッコのカフェ。この雰囲気を再現したい……

あるいは、↓砂漠の民にお呼ばれした時の空間を。

ジョボボボボボ…

現地で調達したモロッコの衣装でサーブします。

ジュラバ
バブーシュ

ベルベル柄の刺繍マルチカバー
新旧ミントティーグラス
モザイク柄のタイル
ティーポットとミトン
砂漠のバラ
サボテン繊維の織物
モロッコご家庭用トレイ

おうちで、

＊インスタントではなくレギュラーコーヒー。パウダー状に細かく挽いたもの。

エジプトのカフェ

道具自体も、これを操るカフェのおじさんの仕草もステキで、真似したくて、
探しまわって買った。……のに、帰国直後に数回使ったきり。久しぶりに使ってみよう。

①水とコーヒー＊粉を入れ、火にかける。

②急に噴きこぼれるのでちゃんと見ていないと大変なことに。

③カップに注ぎます。

④注がれたカップにも、コーヒーの粉が入っちゃうので、それが沈むまで待つ。

⑤そして、口をすぼめて、ゆっくりと飲む。

←取っ手は木製。

質感といい、フォルムといい、なんとも魅力的。

ジョボボボ

あーっ
噴いた噴いた！

ムズイ…
ズズ……

この道具を使うと、カイロのカフェを思い出す。エジプトは、紅茶（シャイ）が主流なので、コーヒーを出すカフェは珍しかった。そしてカフェは、女性客ゼロ、全員おじさんだったっけ。

客層がシブイね～

ベトナムコーヒー

この道具も、なんとも異国情緒があり、時代を感じさせるたたずまい。
ベトナムに行った人は、たいてい、連れて帰ってきてるのでは？

コップに直接装着する。

い草のカバーを付けてみました。

練乳を入れたガラスのコップに、ポトポトと落ちるコーヒー。それを待つ、ゆったりとした時間……

……いや、そんな優雅なものではなかったか？こんなこともしばしば。

現地では、コップの3分の1くらい（！）練乳を入れます。

市場のカフェにて。

もう10分以上経つけど……
まだこれだけ？
もう行かないと！
バスの時間間に合わないよ～

さて、おうちでの再現ですが、自分で練乳を入れるため、罪悪感との戦いとなります。

1cm 以上入れる勇気がない。

現地だと、人が入れてくれるからしょうがないか～って思えるんだけど…

タイ料理

タイ料理は、
とても独創的。
どの国の料理よりも、
「どうやって作るんだろう？」
「再現してみたい！」と
興味をかき立てられる。
味のゴールは「自分の舌の記憶」。
思い出の味に近づけるよう、
何度もトライしてたのしんでます。

大＝大さじ
小＝小さじ

＊青パパイヤの種は、きれいな白い粒。食べてみたらワサビ味でおいしい。そのうち活用レシピが出てくるんじゃないかな。

青パパイヤのサラダ

再現可能になった「ソムタム」

これまでは 青パパイヤを、ニンジンで代用してきたけど
最近、日本国内でも栽培されるようになり、
スーパーで気軽に買える。うれしい！

現地のソムタム

お肉や油を使ってないのに、
すごく満足感がある
不思議な料理。

現地では、「クロック」＊という、専用の容器で作る。
材料がクタクタになるまで何度も強く叩き潰す。

＊素材は、陶器、石、木など。

k.m.p.流 レシピ

青パパイヤをタテに切り、
種を取り、千切りに。

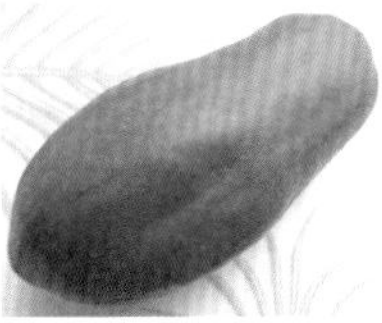

断面図。

今回は半分使います。

自宅のキッチンに青パパイヤがあるなんて不思議〜

中華材料の肉厚なものが○

干しエビ　大1
ニンニク　1かけ
ピーナツ　大1
唐辛子（好みの量）

クロックがない場合は、あらかじめ粗く刻んでおくといい

ナンプラー　大2
砂糖　大2
レモン果汁　大2

ほんとは生ライムがいい

ボウルやすり鉢では、強く叩けないので、（飛び散る）押し潰すかんじで馴染ませていく。

やりにくいけど材料がクタクタになるまで頑張って〜

出来上がり〜

具材、最低限のレシピです。
（あれば、インゲン、プチトマト、パクチーなどを入れたいところ）

甘い、酸っぱい、辛い、そしてうまみ……味のバランスいいと思う
でも歯ごたえは……もうちょっと「クッタリ」させたいな〜

思い切り叩いたら、もっと現地の味に近づける気がする。

……あぁ、「クロック」を買いに、タイに飛んで行きたい。

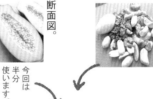

再現しよう、

茹で鶏＋そのうまみで炊いたライス

独自の進化を遂げた「カオマンガイ」

現地のカオマンガイ

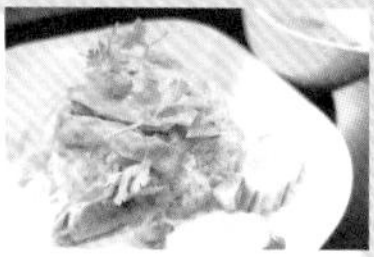

現地では数回しか食べてないけど、家ではもう 30 回くらい作っていて、オリジナル料理と化してきた……（現地の味、どんなだったか忘れてきた〜）

小さめの土鍋を使用。

火にかける直前の様子。

① 普通に ごはん 1.5 〜2合を炊く用意をする。水もいつも通りの量で

② 皮が付いたままの鶏もも肉に塩を振り、お米の上に。皮も一緒に入れることで、ごはんがおいしくなる（出来上がったら捨ててもいいので）

肉はあらかじめ一口大に切ったほうが食べる時にラク

③ コンソメ 小2
胡椒 ちょっと多め
ニンニク（スライス） 1かけ
ショウガ（千切り） お好みで

ニンニクとショウガは、チューブのものだと炊き上がった時、味が消えちゃう気がするので、生のものがないなら、入れなくても OK（それはそれでおいしい）

④ あとは普通に炊くだけ。

現地のより好きかも
てか、もう別の料理になってる気も…
箸で食べてるし

お米ひと粒ひと粒に、鶏のうまみがまとわりついてる
もうこれ「飲み物」だ止まらない

鶏の皮から出る成分（コラーゲン？ アブラ？）でごはんが テリテリ！

＊炊飯器でもいけると思う（未確認）。圧力鍋では、ごはんがテリテリに仕上がりませんでした。

＊あくまで k.m.p. 流アレンジレシピです。

こんなものにも挑戦中

市販のペーストを使えば簡単にできる

グリーンカレー

スパイス？
具？
煮込み方？
ココナッツミルクの量？
でもあと一歩、現地のコクが出ないな…

……と、未だ、研究中。

ガパオライス

ピーマンで作っちゃえ
バジルがないな〜

ピーマン、充分おいしかった。

エビのすり身揚げ

トートマンクン

現地よりエビ多め〜

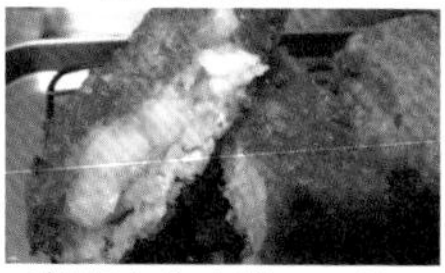

うまく揚がった〜

エビは細かくしすぎないのがコツ。プリプリ感が大事！

おうちで再現、断念したもの

鶏肉入りココナッツミルクスープ

トムカーガイ

材料に生ハーブが多いので、代用品ばかりだとどんどん違うものになってしまう気がして……

ココナッツミルク味のもち米と、マンゴー

マンゴーライス

日本では、マンゴーが高いので……。これは、いつかまた現地の屋台で食べることにしよう。

平たい米麺で作るタイの焼きそば

パッタイ

何回か作ってみたけど、べちゃべちゃになっちゃう。材料も揃えにくいし……

思い出ごはんだった、蒸し野菜

毎日、仕事前に
一緒に昼食を作って食べる。
そこに頻繁に登場するのが、
蒸し野菜。

野菜を洗って、蒸すだけ。
ほとんど切らず、
味も付けず。
鮮やかな色で、
ふっくらしっとり仕上がる。
これに、ポン酢などの
タレをつけて食べる。

今回この本をかくに当たって
メモを整理しているうち……

この蒸し野菜は、もともと
ベトナムで食べた料理が
ヒントだったことに気づいた。
野菜を、ただ蒸して、
タレをつけて食べる。
その潔さとおいしさに
感動したのだった。
……すっかり忘れてた。

思い出……ではなく、
すっかり日常化してました。

フタ付きの大きな鍋の中に、
野菜を盛ったザルを入れる。
または、
タジン鍋も便利。

野菜は、なんでも！

ブロッコリー
スナップエンドウ
アスパラ
エリンギ
オクラ
カボチャ
野菜によるが、びしょびしょになるくらい、水分が出る。
野菜の水分が循環する。
こちらも水没防止にステンレスの網などを。
水は少なめで OK。
100cc ほど水を入れる。
ザルが水に浸らないようひっくり返した耐熱皿などを敷く。

他にも、
水菜、白菜、チンゲン菜、
ホウレン草、春菊、菜の花、
キャベツ、ニンジン、インゲン、
カリフラワー、ジャガイモ、
キノコ類、ダイコン、レンコン……
豚バラ肉、鶏肉、ソーセージなど
お肉系を一緒に入れても。

モヤシも、ベトナム風だと思うと
なんだかステキに見えてきた……

葉物野菜は、切らないほうが
ベトナムっぽい？

タレいろいろ

あれ？ソムタムの味付けと似てる…

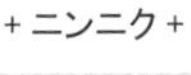
＊ニョクマム＋酢（or レモン果汁）
＋砂糖＋ニンニク＋唐辛子

ベトナム発と
いうことを
思い出して
からは、
それっぽい
タレも登場。

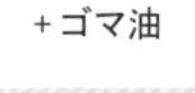
塩麹
＋ゴマ油

バルサミコ＋塩
＋オリーブ油

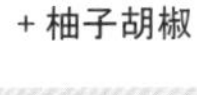
ポン酢
＋柚子胡椒

＊ニョクマム≒ナンプラー

カイラン、その後

*香港の旅行記で
つい、熱く語った、
カイランという
アブラナ科の野菜。
↓

油で調理した時の、
コリコリとした
歯ごたえに惚れた。

素揚げしたもの。

未だ、国内では
出会えていない。

ネットで種を見つけ
育ててみたが、
ひょろひょろで
失敗したり……

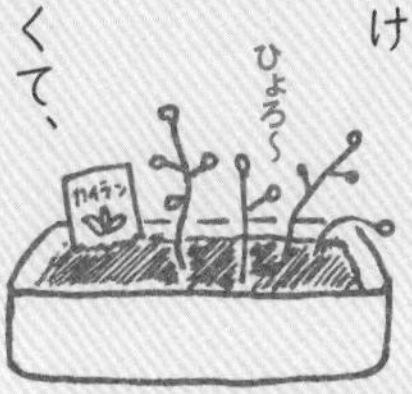
カイラン
ひょろ〜

「茎」を食べるにはほど遠い…

どうしても食べたくて、
「再現」に挑戦。

これは、と
思った野菜は、
ブロッコリー。

ブロッコリー ¥128
これ…
いけるかも

*『k.m.p.の、香港・マカオぐるぐる。』

なんちゃってカイランレシピ

目を付けたのは、その「茎」。
同じアブラナ科アブラナ属の
ブロッコリーの茎は いけるかも、
と思い、できたのがこのレシピ。

茎が長く、新鮮なものが
手に入ったら……

新鮮じゃないと、「繊維」を感じるかも

普通は こう切るが…

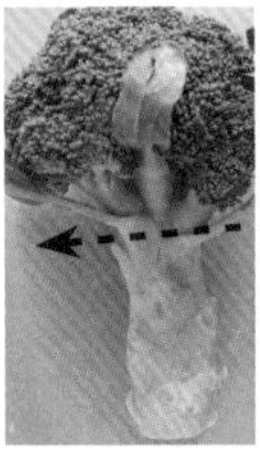

←

太い茎ごと、
大胆にタテに切る。

さらに、カイランと同じ、
1cm 強の太さに切る。

ぬぬぬ
ちょっとカタイが

ポイントは、
皮をむかないこと。

コリコリ感がなくなっちゃう

←

素揚げする。

ニンニクを入れても。

油は少なめでも大丈夫

3〜4分かな。

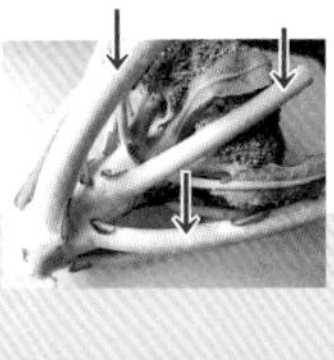

ちなみに
枝？部分は、
繊維っぽくて
イマイチでした。

←

塩を振って完成。

お、カイランぽいじゃん（笑）
コリコリ感70%くらい再現できてるかな

ブロッコリーの茎って、茹でたものはむしろ苦手だったのに…揚げるとこんなに好きな食感に変わるなんて〜

当分これで
たのしめそうです！

栽培もまた挑戦するぞ〜

エジプトごはん

懐かしく思い出すエジプト料理は、
素朴で庶民的なものばかり。
おかあさんの味「モロヘイヤスープ」、
エジプトのファストフードである
「ターメイヤ」や「コシャリ」は、
現地で食べれば数十円ほど。

それでもやっぱり
日本で再現するには、
材料も手間も、ハードルが高い。

時々、無性に食べたくなって、
その高いハードルをよじ登り
挑戦してみるけど……

うーん、なんか違う。
あの味じゃない。

くやしいなぁ。
あんなに素朴で、
簡単に手に入れることができた味。
それが、今の自分にとって、
果てしなく遠い存在なのだと、
思い知る。

イマイチな
お手製ターメイヤを食べながら、
自由に旅ができていた、
奇跡の日々を想う。

＊観光客向けのレストランにはあります。

モロヘイヤスープ

家庭料理なので、町の食堂では あまりお目にかかれない。＊ ひょんなことから 現地で仲良くなった女子学生のお宅で、彼女のおかあさんに作ってもらったことを思い出す。

さぁ、葉を摘むの手伝って
スパイスは、ニンニクとカルダモンと＊コズバラだよ
みんなで葉っぱを、むしっていく。この作業が、まぁ大変でした。
テーブルは、モロヘイヤの山。

＊じつはエジプトでは、葉っぱだけを冷凍したものが売っているのですが、この時は、私たちのために昔ながらのやり方で作ってくれたのでした。

今やモロヘイヤは、日本のスーパーでも普通に買えます。……でも、スープを作るには、量が全然少ない！

茎部分は使わないので、分量が半分になっちゃう。なので、2人分作るには、何束も必要。

でも、おかあさんの味、再現したいな〜
やってみるか

フードプロセッサーが なかったので
ひたすら、みじん切りした……

やっぱり、葉っぱが足りないな〜
細かさも、まだまだだね 形をとどめないくらい ドロドロにしないと…
味がさっぱりしすぎ? オイルかバターが 入ってたのかなぁ
ニンニクもっと入れる?
コズバラは、パウダーじゃ だめだったか?

感想を言いながら試食。作るたびに すこーしずつ、おかあさんの味に近づいていきます。

＊コズバラの別名は、パクチー、シャンツァイ、香菜、コリアンダー、コエンドロ。 ここで使っているのは、シード（種子）部分。

はるかなる、

庶民の味、コシャリ

ごはんの中に、パスタと豆。さらに、それをパンに挟んで食べることも。
焼きそばパンも びっくりの、炭水化物キング ＝ コシャリ。

コシャリ屋さんのテーブルに置いてある、2つのソース。酸っぱいのと、辛いの。

シャッタ
辛いの
ダッア
酢っぱいの

エジプトでは、この酸っぱいほうのソースを、バシャバシャかけるのが好きだった。もふもふしていた「ごはん と パスタ と 豆」が、不思議と、するする喉を通る。

コシャリ屋にて。
パシャ
パシャ
パシャ
グー♥
グー？

なんかこのかんじ、他にもあったような……

あ、酢飯か！

↑
最近気づいた。

k.m.p. 流 レシピ

手間が かかる料理だけど、「なるべく手抜きで、一番現地に近い味」を目指した……
k.m.p. 流、コシャリの作り方。 2人分だよ

＊分量はアバウトでも大丈夫なので、ざっくりとかいてます。

一緒に炊く。（水は、通常の1割増しで）
→ 白米 1.5 合
→ スパゲティ 30 ~ 40 本
なるべく細いものを、1~2cm に折って。

トマトソース
トマト缶、コンソメ、油、ニンニク、スパイス＊、塩胡椒、砂糖……などを入れ、すこし煮る。

＊スパイスは、クミンやコリアンダーなど。ホールタイプを使う場合は先に油で炒め、香りを出す。

マカロニ 50g くらい
3分で茹でられるタイプが肉薄でコシャリによく合う。

フライドオニオン 好きなだけ
市販品を使う場合、数分炙ると、おいしくなる。

酸っぱいソース（ダッア）
油でニンニクを炒め、そこに酢、レモン果汁、スパイス＊、塩胡椒、唐辛子を入れる。
このままだと濃いので食べる前に水で薄める。

レンズ豆 水煮缶 半分くらい
豆類を入れないと、「ちょっと変わった ただのトマトソースかけごはん」になっちゃう気がするので、ぜひ入れたい。
ひよこ豆もいいね

バランスよくできた気がする〜

おお、コレ！現地の味〜っ
こーゆー胸に詰まるかんじもないよ

この順番に盛り、混ぜながら食べます。
↑
ダッア
フライドオニオン
トマトソース
レンズ豆
マカロニ
ごはん＆スパ

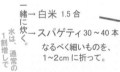

そら豆のコロッケ

辿り着けない？ターメイヤ

ターメイヤ と タヒーナ。

エジプト料理の中でも、一番の思い出の味。
現地では１個5円くらいなんだけど、再現は結構大変で…

メインの材料は「乾燥そら豆」。
そして、葉物（ディル、長ネギ、ニラ、パクチー、パセリなど）を、何種類か。

乾燥そら豆なんて売ってないよ～
葉物も、揃えるの大変……

諦めかけた時、冷凍そら豆（茹でてない）を安価でゲット。さらに、ニンジンの葉っぱがディルの代わりに使えるかも、と思いつく。

長ネギの青いとこも使えそう♪

これらと調味料系を、フードプロセッサー（買った）で混ぜる。つなぎも衣も要らないらしい。

すごい！ネットリしてきたよ

そら豆の粘りと葉っぱの水分でいけるんだね

コロッケサイズに丸める。

しかし、揚げてみると……

ああ！うそぉ～
どんどん小さくなってく！

バラバラになってしまった。

なぜ、こんなことに？？

う～ん……あ、
「乾燥」そら豆じゃないから水分が多すぎたのか？

小麦粉をまぶして揚げると、なんとか形はとどめたが、ふにゃふにゃで、現地で食べたような、表面カリッ、…な食感がない。

色はキレイなんだけど。

その後、つなぎに山芋や卵を入れてみたり、そら豆の代わりに、生のおからを使ってみたり……

おから!?

うん、大豆も「豆」だし、いいかなぁって
安いし

生おから＋山芋＋ニンジン葉。

材料は ほど遠いが、不思議と、現地に近い味に仕上がった。

そして、気づいた。

そっか、「乾燥」した豆がいいなら大豆そのものでいいのか！

乾燥大豆を、水を入れず、砕く。

ちょっ、刃がダメになりそうなんだけど!?

これに、他の材料を混ぜ、丸める。生地はまとまりがよく、キレイに揚がった。表面も「衣」っぽく、こんがりと。さて、お味は……

おお、おいしい！

エジプトの味だ～

葉物には、冷蔵庫にあった「のらぼう菜」を使用しました。

完成～。でも……

またあの「ガゴンガゴン」をやるの怖いな…
買ったばかりのフードプロセッサーが……
他に、大豆をすり潰す方法はないものか……

……あっ
「大豆粉*」ってあるよね？

使ってみると、大アタリ。これなら超簡単で近い味。やっと、乾燥そら豆の代用品が見つかった。

葉物は、結構なんでもいける。
（ただ水分が多いと、また「シュワワ…」になってしまう）
今のところ、「小松菜」がベスト。

*ネットで買えます。

k.m.p.流ターメイヤ

4～5個分

① フードプロセッサーに次の材料を入れ、小松菜が粉々になるまで練る。

・小松菜 2株（重さを量る）
・大豆粉 →の半分の重さ
・ニンニク 1かけ
・塩胡椒 少々
・砂糖 小1
・クミンパウダー
・コリアンダーパウダー

各3振りくらいかな

理想のねっちょり度は、手でまとまるくらい。
（水分が多いようなら大豆粉を足す）

② 4～5等分して丸める。

ちょっとやわらかくなっちゃった
うまく揚がるかな…

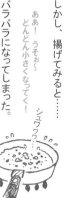

エジプト版ディップ

k.m.p. 流、簡単タヒーナ

ぜひ作ってみてほしいので、シンプルレシピにしてみた

ヨーグルトやスパイスなど、いろいろ入れて試してみたが……
……結論。「ゴマペースト」と「レモン果汁」だけで、ほぼ再現できる！

*フードプロセッサーなどで、ゴマから作ることもできる。

白ゴマペースト*に、レモン果汁と水を混ぜたものをすこしずつ入れ、練る。
（途中、かたくなったり分離したりするが、気にせず、練り続ける）

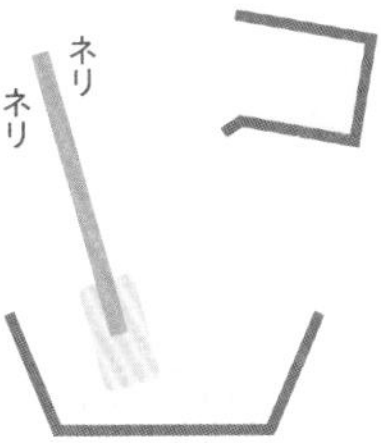
レモン果汁　大1
水　大1
ネリ
ネリ
白ゴマペースト
大2（＝30ｇ）

最後は、水分の量を調節し、お好みのかたさに仕上げる。

かため、やわらかめは、お好みで。

パンや野菜につけてもおいしいよ

これでもおいしいが、次のものを入れると、より現地の味に。

- ニンニク
- クミンパウダー
- コリアンダーパウダー
- 胡椒　塩は入れなくてもおいしいよ
- オリーブ油　入れるとしたら小１くらい

この３つを入れるほどにクセが UP ！

最終目標は、ターメイヤ サンド

袋型のパンに、ターメイヤと野菜を入れ、そこにタヒーナをかけた「ターメイヤ サンド」。
それが、最終的に再現したいもの。

*中に、前述のコシャリを入れる食べ方もある。

このパンも、そこらには売ってないので、作るしかない……

エジプトのパン
「アエーシ」。

ジャリジャリと、独特な食感。
ピタパンに似て、
半分に割ると袋状になる。

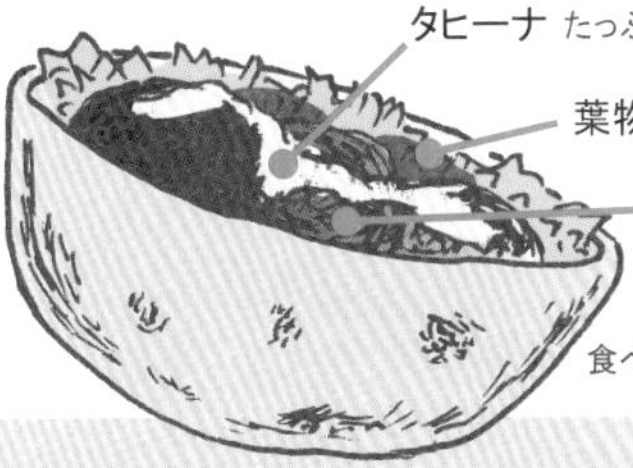
タヒーナ　たっぷりかけたい。
葉物、トマト
ターメイヤ

パンの上から
押し潰しながら
食べるのが現地流。

似ているもの

中東一帯で作られている「ファラフェル」という、ひよこ豆*のコロッケがある。「ターメイヤ」は、これのエジプト版らしい。

先日、近所のインド料理店でも、よく似た料理を見つけた。聞いてみると、こちらは、ひよこ豆とホウレン草を使っているとのこと。

タヒーナも、「フムス」っていうひよこ豆のペーストと似てるんだよ

その「フムス」に使うゴマペーストは「タヒーナ」って名前なんだって。ややこしや〜

*ひよこ豆の別名は、チャナ豆、チャナダル、
ガルバンゾ、エジプト豆（←ややこしい）

◆実験メモ◆
- おからパウダーは×。全く粘らない。（かといって水を混ぜたら揚げた時シュワワワ…）
- キャベツは×。水分多すぎなのか、クリームコロッケみたいになる。
- ダイコンの葉△。ちょっと味がエグイ。
- P71 で使わなかったブロッコリーの「枝」は、意外といける。

③ 少なめの油（中弱火）に入れ、色がついたら返す。（片面２〜３分）

よし、割れずにきれいにできてるぞ

④ そのままか、タヒーナをかけていただきます。

完成図は、右ページ上に。

実際は、この何倍も実験を繰り返してます。試作品が出来上がるたびに、記憶の中のターメイヤと比較して……。脳内で、存分にエジプトを旅しました。

今も、いろんな葉物を試し中〜

旅ごはん！

集まれない状況も あったりしますので、臨機応変に お願いします～

旅の思い出ごはんを、みんなでたのしんでみよう。
好きなものを選んで
作りながら食べる
スタイルはいかが？

その１◆ピンチョス、パーティ仕様

本来「ピンチョス」は、出来上がってるものをチョイスするスタイル。

バルセロナのバルにて。

いくつかの具材を重ね、串で留めてある。それをセルフでとる「回転寿司」方式。

これを「手巻き寿司」方式で……つまり、テーブルにいろんな具材を並べ、
各自、いくつかの好きなものを、串に刺して食べる。

具を3つくらい選んで刺してね
おすすめはチーズだよ
いる～
あと、一番上にうずらのせたい
トマト
パクチー
オリーブ
オイルサーディン
ツナ
うずら
チーズ
サーモン
生ハム
エビ
バルでのお会計は、この「串」を数えるんだよ
へえ、回転寿司の「お皿」みたいだね
食事をしながら、その土地のことや旅のことを、紹介したり。
まねしてもいいよ
それいいね
ま
レタスを敷いてみたよ
パクチー
オリーブ
サラダチキン
レタス
現地では一番下には「パン」が一般的だけど、それだと、すぐにお腹がいっぱいになっちゃうので、こだわらず、自由に。

具材いろいろ

一般的◆チーズ、ピクルス、生ハム、ベーコン、オリーブ、バジル、アンチョビ、フルーツいろいろ…

野菜系◆キュウリ、トマト、葉物、アボカド、アスパラ、ピーマン、ジャガイモ、焼きナス、オクラ、キノコ…

その他◆うずら、サラダチキン、豚バラ、鶏レバー、缶詰の焼き鳥、明太子、ツナ、銀杏、ペースト系…

寿司系◆サーモン、マグロ、イカ、タコ、エビ、いくら、〆鯖、玉子、ガリ、わさび、海苔…

「和」もあり？◆枝豆、漬物、練り物系いろいろ、梅干し、ラッキョウ、高野豆腐、コンニャク…

↑試してないものもあります。

みんなで、

その２◆生春巻き、パーティ仕様

こちらも「手巻き寿司」方式で、ライスペーパーに好きなものをのせ、くるくる巻いていく。
ただ、ピンチョスと違って、少々、コツと慣れが必要かも。

巻き方教室

ライスペーパーをお湯でやわらかくするのだが、「お湯の温度」と「浸ける時間」が繊細なので、何回か作ってコツをつかもう。

サッと、
くぐらせるかんじ。
40度くらいのお湯。

具材は、水分をよく切り、のせすぎないこと。

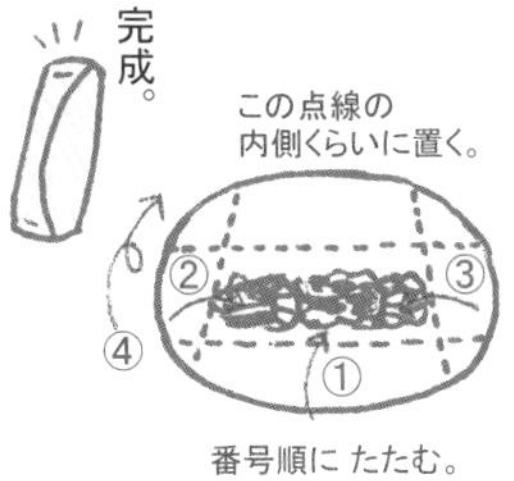
完成。
この点線の
内側くらいに置く。
②
③
④
①
番号順に たたむ。

失敗例。

でろ～
水分で破ける。
ブシュッ
具材を入れすぎて
かじった途端、破裂。

おすすめはなに？
アボカドとエビとクレソンかな
あー、
巻く前に破けちゃった
お、この組み合わせいける！
ニラが…
いーっ
ぶしゃ
噛み切れない具とともに崩壊することも……
マヨニンニク最高

具材いろいろ

生春巻きの具は、ピンチョスと違い、あまり「変わりダネ」は、入れないほうがいいかも。
……なので、ベタなラインナップ。

タレも、いろいろ用意するとたのしい。

ニョクマム
＋レモン果汁
＋砂糖
酢＋砂糖
＋ニンニク
＋唐辛子
マヨネーズ
＋ニンニク＋塩を
牛乳でのばす。
他にも
ゴマ油＋酢＋醤油
＋砂糖＋ショウガ

肉魚系◆茹でエビ、生ハム、豚バラ、サラダチキン、チーズ、かにかま、サーモン……

野菜系◆ニラ、モヤシ、パクチー、カイワレ、スプラウト、クレソン、水菜、サニーレタス、千切りニンジン、千切りキュウリ、アボカド、トマト、シソ、ハーブ系いろいろ……

突然コラム

外国の人にとって、日本の思い出ごはんは？

ふと思った。

こうして自分が外国のごはんを懐かしむように、かつて日本を旅した外国人も、今、この瞬間、日本のごはんを思い出しているのだろうか、と。

友人１人に聞きました

時々
思い出して
食べたくなる
日本食って
ある？
タコヤキ！
——即答。
揚げてないやつネ。
揚げたのは おいしくない！
モロッコ⇔日本

代わりに食べてみた

彼の、「懐かしい！」「食べたい！」というキモチになりきって、いただいてみる。

あー、
久々に食べる
たこ焼き、
また食べられる
しあわせ
（という設定）
またいつ
食べられるか
わからないから
味わって食べよう
（と妄想）
いつも以上に
おいしくなるね
ハッサンの
思い出ごはん
ごそさま

いつでも食べられるからって、つい、ありがたみを忘れてしまうけど、これは、世界の誰かが、食べたくてたまらないものなんだ。そう思うと、その存在が、大切に思える。

「思い出ごはん」だけじゃなく、「今ここにあるごはん」も、味わって食べたいと思いました。

突然コラム

これも、旅の思い出ごはん？

私たちも外国を旅している時、たまに、日本食が懐かしくなることがある。これもある意味、思い出ごはん？

長旅で食べたくなる日本食

たいていは、現地の味をたのしむことに夢中で、日本食の禁断症状は、あまり出ないのですが、ある時は、無性に「白いごはん系」が食べたくなります。

塩むすび
白いごはんにふりかけ
卵かけごはん
お茶漬け

「ある時」とは、主食がパンの国を旅した時……ではなく、こってりしたものが多い時……でもなく、ずばり、白米がおいしくない時！

なにこれ、プラスチックみたい……
あー、もっちりした日本米が食べたい！
噛むだけで甘いごはん食べたい！
まっ……

枕に入ってるビーズそっくりな白米。

出発前

そんな時への「予防」もあって、いつの頃からか、出発の前夜は「お茶漬け」と決めている。なんとなく、儀式のように。

今回はもう一杯食べとくか

↑まるでワクチン。

帰国後

友人が車で空港まで迎えに来てくれた時、家に着く前に、必ずコンビニに寄ってくれる。「日本食が食べたいでしょう」って。「そうでもないよ」って一瞬思うけど、やっぱり久々に日本のコンビニに入ると、種類の多さ、おいしそうな陳列に……

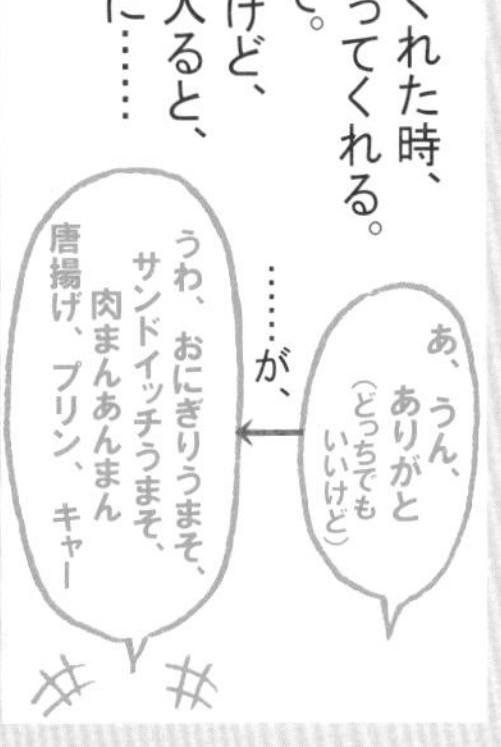
あ、うん、ありがと（どっちでもいいけど）
……が、
うわ、おにぎりうまそ、サンドイッチうまそ、肉まんあんまん唐揚げ、プリン、キャー

忘れられない一品

ロンボク島からの帰り、ふと思い立ち、その足で寿司屋へ。そこで、まず最初に、「あら汁」をいただいた。

……うんまっ
この世にこんなうまいものが！

エビのダシが、味噌のコクが、カラダ中に沁み渡る。じんわり温まり、ほぐれていく……

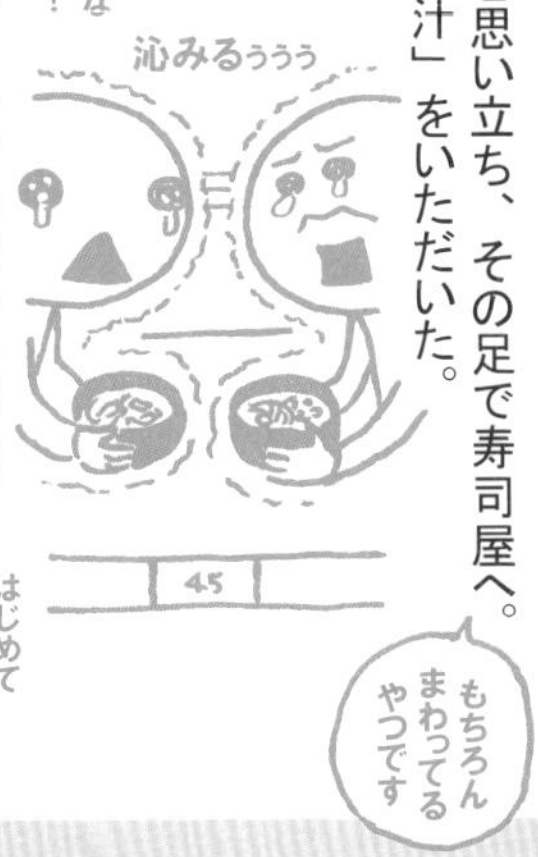
沁みるぅぅぅ
もちろんまわってるやつです

長旅で日本食のおいしさを……いや、カラダが、日本食そのものを忘れてたんだと思う。それくらい衝撃的で、不思議な感覚だった。

はじめて日本食を食べたのと、似た感覚を味わったのかな
うまみ成分との出会い？

旅は、自分の国を新鮮な目で見るチャンスでもあるんだな。

ここまでは、
「思い出」の旅
のお話

ここからは、
「今」の旅、
そして
「これから」の旅の
お話だよ

その3

地元のガイドブックを買ってみよう。
市役所などで観光客向けのチラシを
もらってくるのもいい。

「え、こんなところに観光名所が？」
「え、昔から知ってるあのお寺、
遠くから訪れるような所だったの？」

そんな場所が、
きっと、１つは見つかるはず。

近いというだけで、
知らない、行ったことない、
あなどってた……

でも、
近いからこそ、行くべきだったのに。

今からでも遅くない。
いや、今だからこそ、
行ってみよう。

「近場を旅する」って、実際、どんなふうにすればいいのかな。

こんなのはどう？まずは、とっても近いところから。

1本違う通り

家から駅までの、いつも通る道。その「1本隣の道」って、案外知らないもの。明日は、5分早く家を出て、あの道を歩いてみよう。

駅
……と、意外と「冒険」になる可能性も。
平行かと思いきや、どんどん離れていってない？
あれ？全然駅に着かないよ？？

気になってた〇〇

通るたび気になっていたカフェ、この前ふと見つけた散歩道、あの坂の向こうは なにがあるんだろう…など、「なんとなく行ってみたいと思ってた場所」がいくつかあるはず。旅の気分で行ってみる。

〇×遊歩道
ここ、ずっと気になってたの～

小高い丘に、幅が狭く長い階段。てっぺんは見えない。
あの上、どうなってるんだろ……

小さい博物館

郷土資料館や、個人がやってるマニアックな博物館などが、近くに きっとあるはず。もしそこが、自分の興味あるものだとしたら……

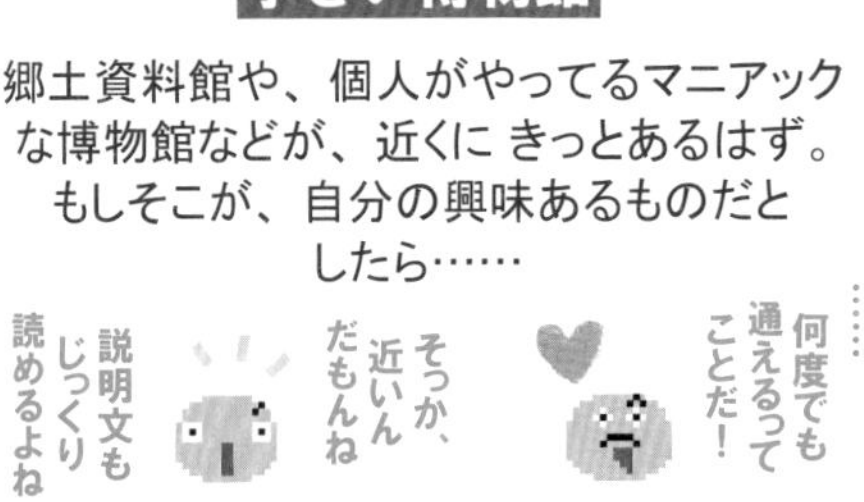
……何度でも通えるってことだ！
そっか、近いんだもんね
説明文もじっくり読めるよね

隣の町

2丁目に住んでるなら3丁目、西町なら東町……。こんなに近いのに、用事がないから行ったことがない「隣町」。

ちっちゃい川がある～
あれ、こんなお店もあるんだ～
意外と雰囲気違うんだね

これも、小さな旅。

お寺と神社

ずっと存在は知っていたけど行ったことがない、近所の神社仏閣。わざわざ電車に乗って、遠くのお寺は訪ねるのに、なぜそこには一度も行かないんだろう……そう気づいたら、もう行かずには いられない。

目の前を何百回も通ってるのに、一度も門をくぐったことがないなんてね
除夜の鐘、ここから聞こえてたのかぁ

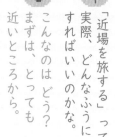

自転車で、ぐるぐる

歩くより、もっと広い範囲へ。
そして、歩くより疲れないから、
迷うことを怖れずに冒険できる、
自転車での小さな旅。

たとえば、
いつも車や電車で行く場所へ
自転車で行ってみるとか……

たのしい～
じゃあ、さらに旅する範囲を広げるなら、こんなのはどう？

いいね！
明日いい天気だったら、さっそくぐるぐるしてみよ～

ただただ、行ったことのない道だけを選んで進んでいくとか……
ルールやテーマを決めても おもしろい。

ちょっとこっち行ってみたーい
ぐるっ

ここどこだ？迷った？
？？
あ、わかった！ここ、よく車で通るとこだ！
こうつながってるのか～

地元だからこその発見がうれしい。

待って～

歩く速さでは
もどかしいけど、
車では速すぎて見逃しがち。
そう、気ままな旅には、
自転車が とってもちょうどいい。

町→区→市→県

同じ「地元」でも、すこしずつ範囲を広げていってみよう。「住んでる都道府県の観光地」、どれだけ行ったことがある？

「東京」の観光地か……
たとえば「スカイツリーの展望台」
……ない。
桧原《ひのはら》村は？
……ないか。
いつでも行けると思って行ってないとこ、いっぱいあるね

地元の名所へ

自宅から一番近い「観光スポット」
（県外から人が訪れるくらいのレベルの）を
探してみる。

ここからだとやっぱり……高尾山かな？
待って、全国各地の「桜」が植えてある研究所があるみたいよ
へぇ、そんなのがあるんだ
あと、家のすぐ近くに、古い車の博物館もある。知らなかった～
高尾山以外にもいろいろあるんだね～
TAKAO

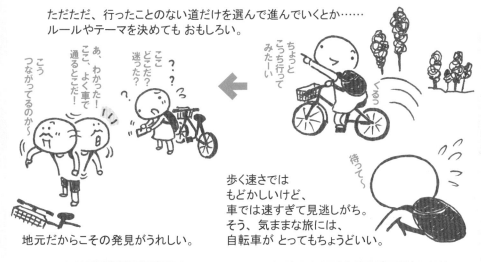

にする工夫

でも、近い&地元だと、
「旅」気分が続かないことも。
いつのまにか
ただフツーに「散歩」してたり。
もっと旅してる感覚になれたら
たのしいのに……
……というわけで考えた、
カタチから入る、
k.m.p.の、近場旅スタイル。

その1◆まずは「カッコ」から

いつも旅に持っていく「カバン」、
旅といえばコレ、という「靴」、
旅の時だけ着る「上着」、
日頃は着けない「腕時計」、
そして、愛用の
「カメラ」「メモ帳」「ペン」……

それらを引っ張り出してきて身に着ければ、
旅の気分になれる気がする。

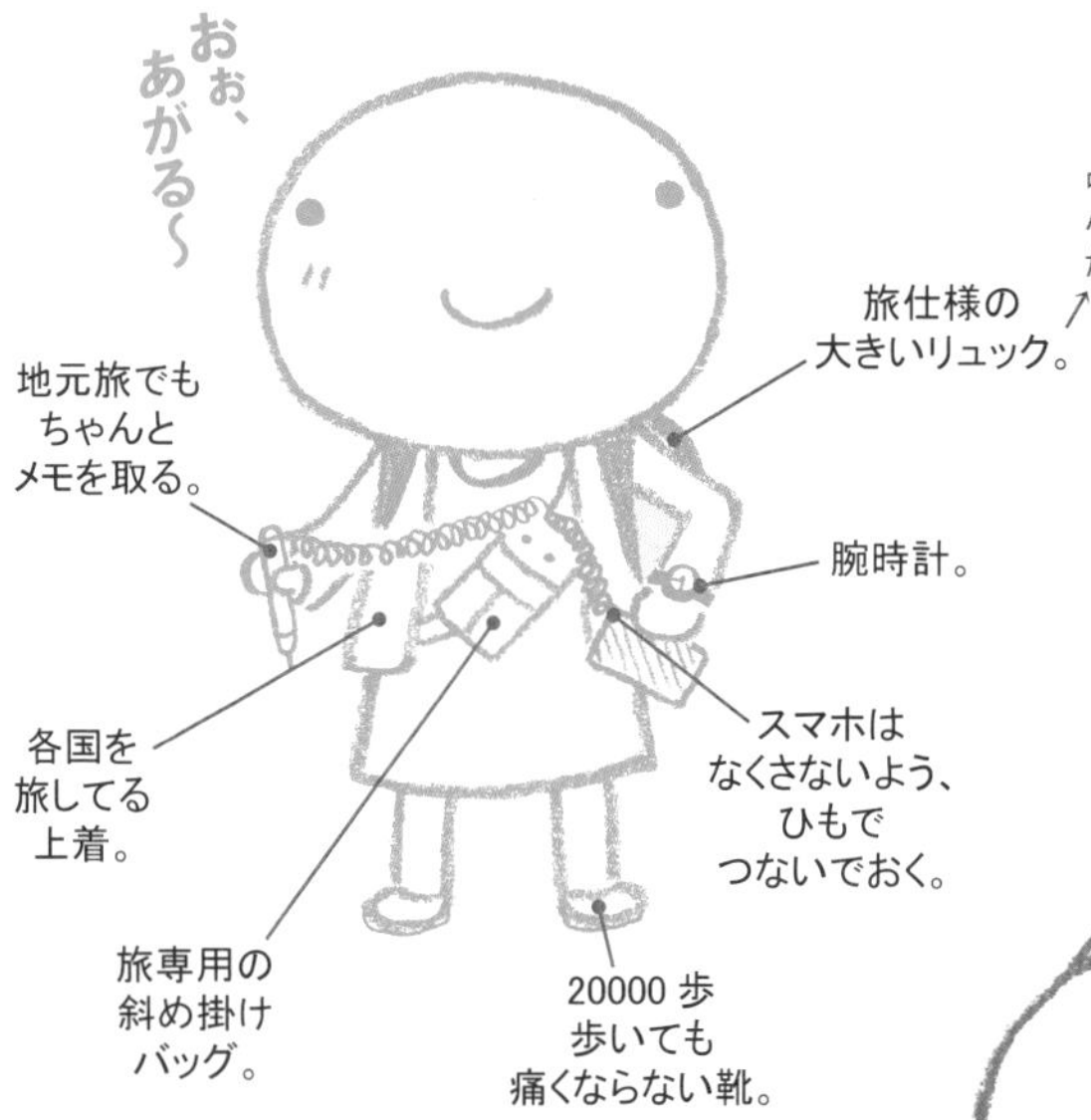

おぉ、あがる～
中には、小腹が空いた時のためのお菓子も。
旅仕様の大きいリュック。
地元旅でもちゃんとメモを取る。
腕時計。
各国を旅してる上着。
スマホはなくさないよう、ひもでつないでおく。
旅専用の斜め掛けバッグ。
20000 歩歩いても痛くならない靴。

旅気分出てきた～
日頃は被らない帽子。
ペンは首から下げる。
写真は、スマホじゃなくて、あえてカメラで。
常にメモ帳を片手に。
国内では一度も身に着けたことのないウエストポーチ。
旅の時だけ履くパンツ。

「散歩」を「旅」

その2◆「旅行先」「観光地」という目で見る

地元のガイドブックを買って、じっくり読んでみたり、市などが発信する観光情報を
あらためて見てみたり。自分の住んでいる町を、「旅行先」として、客観的に調べてみる。

「市」の観光パンフ、結構、チカラ入ってるね
この食べ歩きマップまわってみたくなる
土曜日に駅前で朝市やってるんだって
こんな施設あるんだ、知らなかった〜
へー、こんなとこにホテルあるよ
泊まってみたりして
あそこのスーパー銭湯、遠くから来る人もいるんだって
TOWN 8
ここなら自転車で行けそう
高尾山、想像以上に観光地だった

ただ「近くに住んでいる」というだけで 観光の対象にしていなかった あれやこれやが
新鮮に感じられるようになってきたら………もう、「旅」が はじまっているのかも。

その3◆ていねいに「旅の準備」をしてみる

行くと決めたら、地元だからと あなどらず、「いつもの旅」と同じように準備をしてみる。
細かい旅程を立てたり、持ち物リストを作ったり。その作業が、旅の気分を盛り上げる。

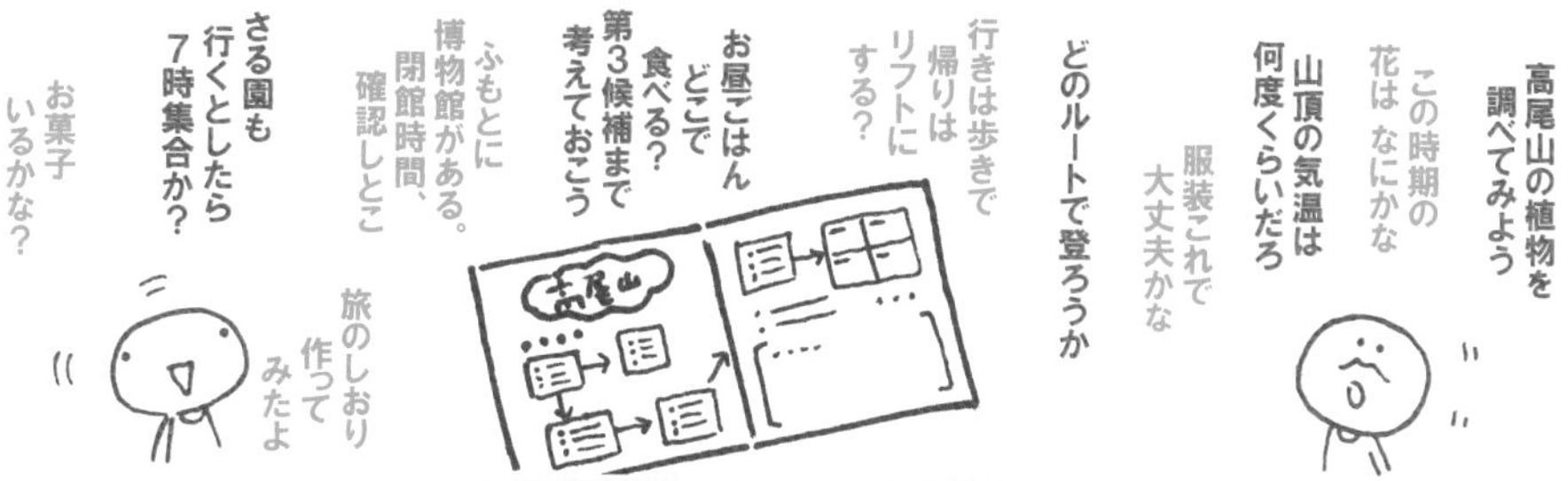
高尾山の植物を調べてみよう
この時期の花は なにかな
服装これで大丈夫かな
山頂の気温は何度くらいだろ
どのルートで登ろうか
行きは歩きで帰りはリフトにする？
お昼ごはんどこで食べる？第3候補まで考えておこう
高尾山
ふもとに博物館がある。閉館時間、確認しとこ
旅のしおり作ってみたよ
さる園も行くとしたら7時集合か？
お菓子いるかな？

その4◆「旅モード」になる

そして仕上げは「気分」。はるばる遠くからここに来た……そう自分に言い聞かせてみる。
見慣れたものも、新鮮な視点・キモチを持てば、きっと違って見えるはず。

山肌全体を植物が覆ってるなんてすごいな〜
砂漠から来た目で見ると、雑草さえみずみずしい〜

← はるばるモロッコから高尾山に来た設定。

この野菜は、どうやって食べるとおいしいですか？

← 旅先の朝市を訪れた気分で。

ぐるぐる

さんざん例に挙げてきた地元八王子の観光地、高尾山を「旅」してみました。

さっそく旅モード、発動！

観光パンフレットなどを読み、旅気分を盛り上げておく。

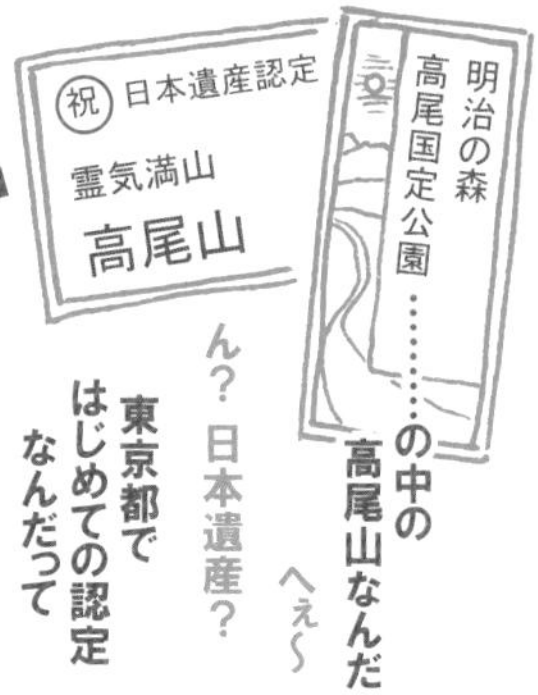
祝 日本遺産認定
霊気満山
高尾山
明治の森
高尾国定公園
……の中の高尾山なんだ
へぇ～
ん？日本遺産？
東京都ではじめての認定なんだって

霊山としてだけでなく、天然の森林が守られているという点がすごいらしい。それゆえ、動植物の宝庫とも。

ミシュラン3ツ星を得てからは、海外からも人が訪れるほどの観光地に。そんなすごい山なのに、まともに「登山」したのは、小学校の遠足だけ。いつも、行くとしても、ケーブルカーかリフトを利用し、そこからちょっとだけ散歩して、お団子食べて帰るとか。なので今回は……

まじめに登る～

登山には、いくつかコースがあり、その中で「標準的」とされる「1号路」を選んでスタート。

高尾山自然研究路
コースマップ
599
リフト乗り場に向かわないなんて新鮮だー
ゴー
ゴー

表示が少々わかりにくく、不安になりつつ進む。

なんだ？
道が分かれてる～
えーっと
こっちでいいのか？
間違えたら命取りだぞ…
しかしこのコース、なかなかの急こう配。植物を愛でながらの散策……なんて余裕は、たちまち消えた。

いきなり「山登り」だね
ハァ
ハァ
ハァ
ハァ
「遊歩道」のイメージだったんだけど…

目に入るのは、自分の足元だけ。

ゼーハー言ってる私たちの横を、ランニングで行って戻ってきた人が通りすぎ、愕然とする。

ゼーハー
ゼーハー
ここ何合目くらいかな…
…あ!?
ほっ
ほっ
……ちょっ
今の人！ さっき登ってった人だよね!?

高尾山、

50分ほど登った頃、見慣れたケーブルカーの駅が現れた。

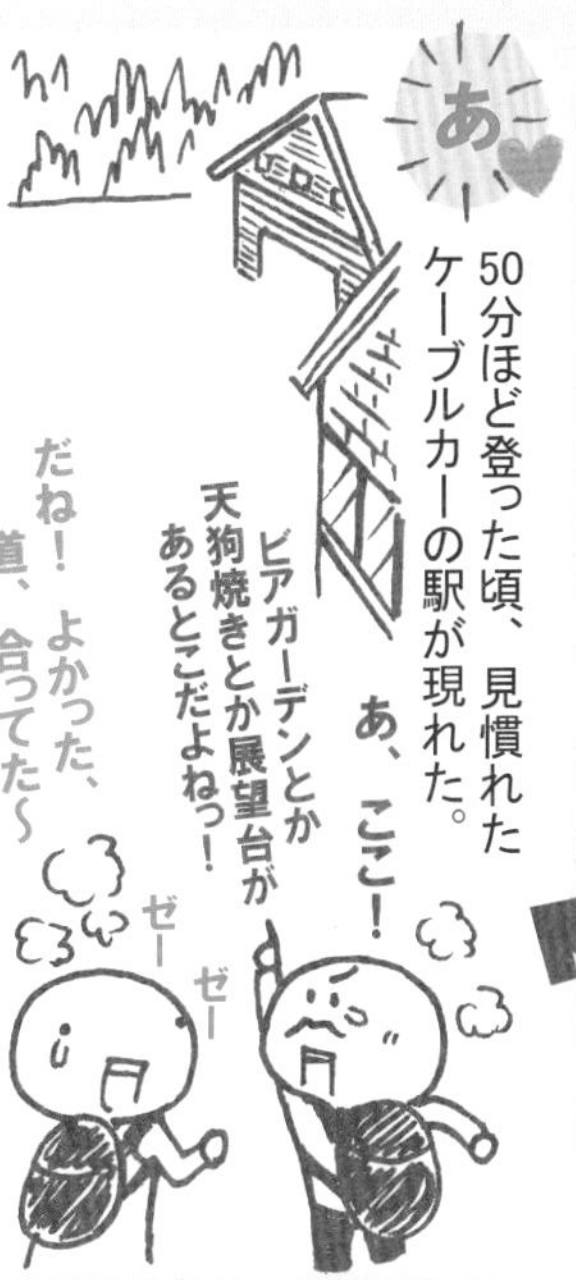
あ
あ、ここ！
ビアガーデンとか天狗焼きとか展望台があるとこだよねっ！
だね！よかった、道、合ってた〜
ゼー
ゼー

ご褒美の天狗焼きをほおばりながら、先へ急ぐ。

黒豆のあんを使った鯛焼きのようなお菓子。

サルもタコもスルーして、ひたすら歩く。

樹齢450年のたこ杉。
以前ハマったさる園。
おーい、無視？
男坂と女坂どっち行く？
どっちがラク？
ハァ
ハァ

坂を上がり終えたところにある茶屋で、ちょっと一休み……

店先のごまだんごに引き寄せられ…
ここって、楳図かずお先生が高尾に暮らしていた時、通《かよ》っていたんだって
え じゃあ、あの坂を登って？？
展望テラス。

……のはずが、まったりしてしまった。

マップを見ると、山頂までは、あと3分の1くらいある。

えーっと……
ここでいい…か

……今回は「頂上」とします。

登頂は挫折したが、せめて自分の足で来た道を下ろう。

下山は下山で……
キツイ〜
膝が笑ってる〜
カク
カク

無事、下山。時間が余った分、ふもとにある*ミュージアムを見学。

高尾山に住む動物、野鳥、昆虫、植物……を学ぶ。

疲れてない時にちゃんと見たい
……眠い

参道でお土産のお饅頭を買って帰ろう。

6コ入りください
ま
地元なのに誰に？
自分たちのおやつ♡
そんなワケで GOAL！
次回は頂上を目指すぞ！

そう、地元なんだから、また来ればいいのだ。

＊高尾599ミュージアム。

みよう、近場旅

他にも、近場で旅をするなら……東京では珍しい「牧場」はどう？

あっ、そうそう。車を運転してると、道の脇の原っぱ？に時々「牛」がいてさ〜、あれ、牧場だったんだね〜

わ、今日は羊もいるぞ〜

車を見つめる牛。

毎回「顔ぶれ」が違うのが、不思議だった。

これは、裏の入り口の看板。

磯沼ミルクファーム

立地は、こんなところに牧場あるの？……ってかんじの住宅街。
しかし敷地の奥へ進んで行くと、想像以上に沢山の乳牛。その規模に驚く。

うしろうしろ！

大きさがわかるようにと、手をかざして撮影していると、うしろから誰かに引っ張られる。

うわぁ

キスマーク、いただきました。

お食事コーナー

ランチ中の、乳牛さんたち。

赤ちゃんコーナー

生後1ヵ月までの子牛の小屋。母牛とは離れて生活します。

この子は産まれてまだ2週間。

おたのしみ

見学のあと、ここで作られた牛乳とアイスをいただく。

牛乳は、4種の牛の乳をブレンドしたものだそう。

意外とさっぱり、でも濃さも感じる

混ぜ物なしの生乳100％はこういう味なのか

アイスもおいしいね

おまけ

牧場の奥の坂道を上がっていくと、知ってる道に出た。

あぁ、車から見えていた「原っぱ」とは、こういう位置関係になっていたのね。

道路
原っぱ
坂道
牧場
入り口→

もっと行って

地元農家の、野菜直売

近くの農園で、土曜の昼に野菜の直売をするという情報を得、行ってみることに。

住宅地のすぐ近くにある広大な畑。しかし、販売所の看板は見当たらず……

迷いつつ進んでいくと……奥のほうで若い農家さんたちが、たのしそうに野菜を洗っていた。

いらっしゃいませ！
すでに旅気分だね
こんにちは…
わ、カブもニンジンも葉っぱ付き！
それも、虫食いがほとんどない
今日はいろんな種類のダイコンがありますよ
そういえばこの農園の名前、居酒屋さんのメニューで見た気がする…
飲食店に卸してるから見ためもきれいなんだね
一応、聞いてみる。
あの……＊スティックセニョールって野菜作っていますか？
ぁ、ありますよ
えっ、あるんですか！
今、畑で採ってきますよ
まさかの出会いにカンゲキ。それもちょうど今（晩秋）が旬なのだという。
旬が終わるまで、毎週買いに来ます！
「またすぐ来れる」のも、近場旅のいいところだね

＊P71で紹介した「カイラン」と、ブロッコリーを掛け合わせた野菜。以前居酒屋さんで食べたのは、この農園で作られたものでした。

スティックセニョール。
…のカリフラワー版？

新鮮で安心な野菜。
つい買いすぎちゃう。

緑ダイコン
紫ダイコン
黒ダイコン

変わった野菜があって、たのしい。

生野菜パーティ

ミックスリーフ
紫ダイコン
ホウレン草
ニンジン
キュウリ

採れたての春菊って、こんなにさわやかな味なんだね！
おいしくて止まらない〜

春菊と白菜も生で食べられる！

白菜
春菊
緑ダイコン
紫ダイコン

買ってきたら、まずは全種類をすこしずつ、「生」でいただく。スティック状に切って、マヨネーズ系のディップをつけるのが、お気に入り。

突然コラム

お気に入りの場所

地図で、何気なく自宅近辺を見ていたら、
近くに「謎の池」を発見。
気になって、後日探しに行ってみた。
ちょっと、宝の地図を持って冒険してる気分……

このあたりかな、と思われるところに、謎のログハウスが建っていた。
ここで合ってると思うけど……
奥に続いてる道がある

進んでみると……
あっ
「池」あった！

「謎の池」は、貯水池。
そこは、里山として整備された、ステキな場所だった。
近くにこんな場所があるんだねぇ

なんかしらの野鳥が鳴いている。

それ以来、
天気のよい日は
ここに来て、
お昼ごはんを
食べたりしています。
ツピツピツピ
ホケキョケキョ
カモ
キジ
あれキジ!?
山肌を歩いてる……
ヘビイチゴの林の中、
アリんこの世界を
旅したりして、
何時間でも
あそんでいられる。
アリ

暑くなる前にもう1回来ようね

今ではここは私たちにとって、季節を感じる大切な場所になっています。

突然コラム みんなの旅

それぞれの胸の中にある「旅」。
読者のみなさんに「旅の思い出」を聞いてみました…

闘病中、外泊許可が下りたおばあちゃんと行った最後の旅行はサファリパーク…おばあちゃんお疲れモードで帰路に…。地元に帰ってくると雷がドンチャン騒ぎしていて、そのピカピカ光る空を見たおばあちゃんは、「わぁ。凄い光ったねぇ」とその日1番の声をあげましたとさ♪（みっちぃ・30代女性）

『ポルトガル朝、昼、晩。』を読んでから旅の友とポルトガルへ。おやじの海に入れるように現地でハンチング帽を購入。8000円。おやじの海の反応は自然過ぎたのか反応なし。元を取るため全ての写真がハンチング帽のポルトガル旅でした。些細なことでも友との旅って楽しい。（まえださり・40代女性）

退職し某バンドゆかりの地、英国へ。昔彼らが録音したロンドンのスタジオは今は楽器店。バンドの歴史を辿ろうと日本から来たと話すと、店員のお兄さんが山積みのギターピックの中からお店のロゴマークのついたピックを探し出してプレゼントしてくれた。ピックとお兄さんの笑顔が今も私を温める。（ruby・60代女性）

大学1年の時、友人と大学主催の軽井沢テニス合宿に参加しました。テニス講習の合間におしゃれなカフェや雑貨屋を探したり、レンタサイクルで林の中を走ったり、時間を惜しんで観光しました。今だったらテニスだけでくたくただけど若かったなぁ。それから卒業するまで毎年その友人と軽井沢へ行きました。（mipo・40代女性）

行けなかった、上野の「ブータン　しあわせに生きるためのヒント」が、なんと旅先の広島県立美術館で開催されていたのです。うれしい出会いに感謝しながら楽しみました。旅ノートの表紙をめくるとブータンの山と少年のポストカードと「タシ・デレ」（幸あれ）の言葉。2017年11月広島ひとり旅の思い出です。（Rたるふ・50代女性）

全行程を自分手配で行ったオランダ旅行が最高に楽しかった。旅ノートを作って行き、ユトレヒトではブルーナさんポイントを巡りました。奇跡的にブルーナさんに会えて、握手＆サイン＆写真を撮って頂き感動！私のへんてこ英語に笑っていたブルーナさんの笑顔はオランダ旅の最高の思い出です。（池田沙奈枝・40代女性）

モロッコにやられました！子供のころ大好きだったアラビアン・ナイトの世界がそこに！　スークの喧騒、スパイスの香り、夕日とアザーン、ラクダに乗ってキャラバンの気分…憧れのアラビアの世界にどっぷりと浸ることができました。（ゆうこ・30代女性）

その4

あまり
人に会わずに
行ける旅。

……を考えていたら、

「車」での旅を
思い立ちました。

近場旅もいいけど、
やっぱり、
遠く、長く、の旅も 行きたいなぁ

でも、海外×、人混み×、外食△、
公共の乗り物△、ホテル△……だよ？

……んー、
そうだねぇ……
じゃ、「車」の旅は？

おっ、それいいね！
……あ、でも、結局、
ホテルには泊まることになるか？

……うーん……
車中泊するとか？

食事はどうする？
毎回お店に行くのも……

食事も、車の中で……、か？

……あ、キャンピングカー!!

車の旅、それも

キャンピングカーの……

そうと決めたら、

妄想が止まらない。

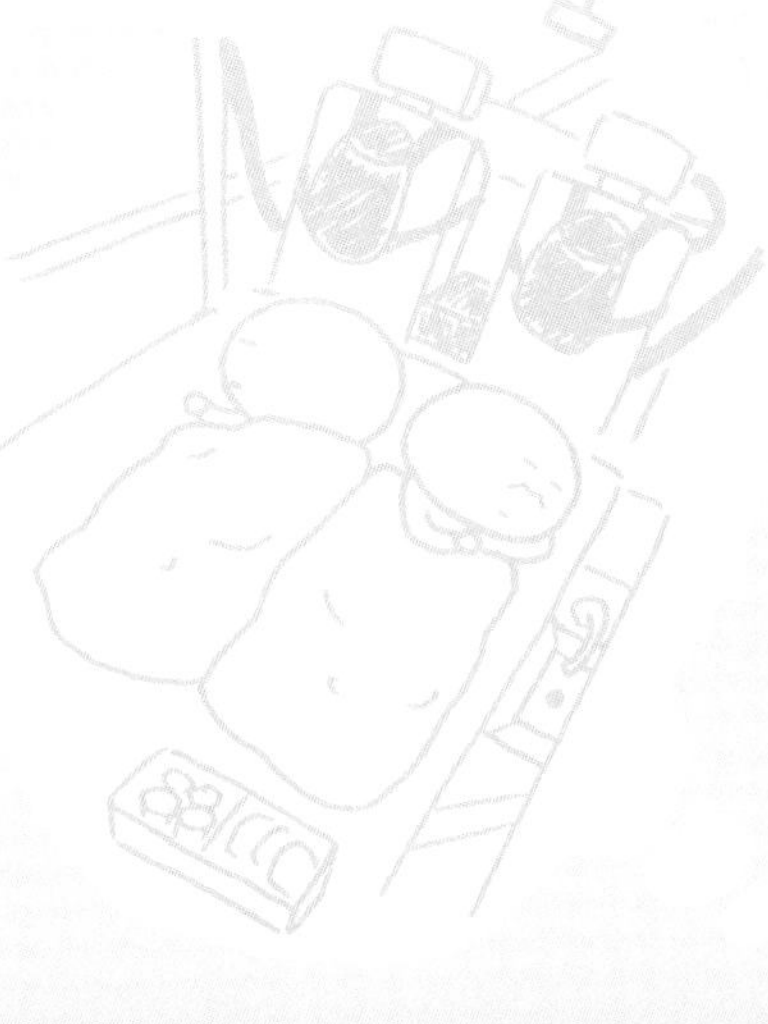

え、じゃあ、車で10日くらい まわるとしたら……
どこ行く？ どこ行く？

ここから近いところだと……伊豆、山梨、富士山あたり？

うーん……その辺は、キャンプやドライブで
何回か行ってるから、行ったことないとこがいいな……
北関東のどこかとか……

それか……千葉？

千葉か、いいね。
……あ、でも、ここからだと、都心を突っ切るよね？
首都高、走りたくないんだよねぇ……

三浦半島から、フェリーを使うのはどう？
それなら都心を通らないいし、なんか、旅っぽい♡

それだ！
千葉かぁ……。近いのにあまり行ったことがないし、
なんか、わくわくしてきた！

しかし、あらためて見ると、大きいな～、千葉。
観光スポットも結構あるし……

思いきって一周しちゃう？
1つの県を一周するって、
1つの国をまわるみたいで、おもしろくない？

決定！ 千葉ぐるぐる！

さっそく、
千葉の地図を買ってきた。

訪れたいスポットを
ピックアップし、
まわるルートを考える。

MAP
千葉
県だけで1枚って なんか わくわく する〜
「島」の地図 みたいだね
フェリーで ここに 着くでしょ、そこから 南下して…
10日だと、このくらい進んで 1泊、って かんじかなー
うんうん

房総の 植物園 行く？
小さな鉄道 乗りたいな 3〜4路線 あるみたい だよ
九十九里浜 長い〜
銚子で海の幸 食べられる かな？
サハラだって！ 砂漠みたい
サワラだよ ここもいいよね
地層好きとしては、チバニアンも 捨てがたい
それとは別に 月の沙漠って いうのがあるぞ
野田？

次に、
泊まるところを考える。
車中泊ができる、
「RVパーク」なる
施設があることも知る。

トイレや 電源などを 借りられたり、ゴミを処分して もらえたりする 施設だって 見ためは 駐車場みたいな かんじだね
でも、敷地内での 「調理」はダメなんだ
イスとテーブルを 出すくらいなら いいみたいだけど
ちょっと さびしいね 焼肉やりたくない？
だったら 時々 キャンプ場に 泊まるのも ありかな
「道の駅」の駐車場に 泊まるのはだめなの？
それはマナー違反。ただ、宿泊施設が 併設されてるところも あるらしい
4日に1回 くらいは ホテル泊も あり？

同時に、ネットで、キャンピングカーのレンタカー屋さんを探しはじめる。
条件は、
・なるべく小さな車、できれば「軽」。
・自宅から遠くない場所で借りられること。

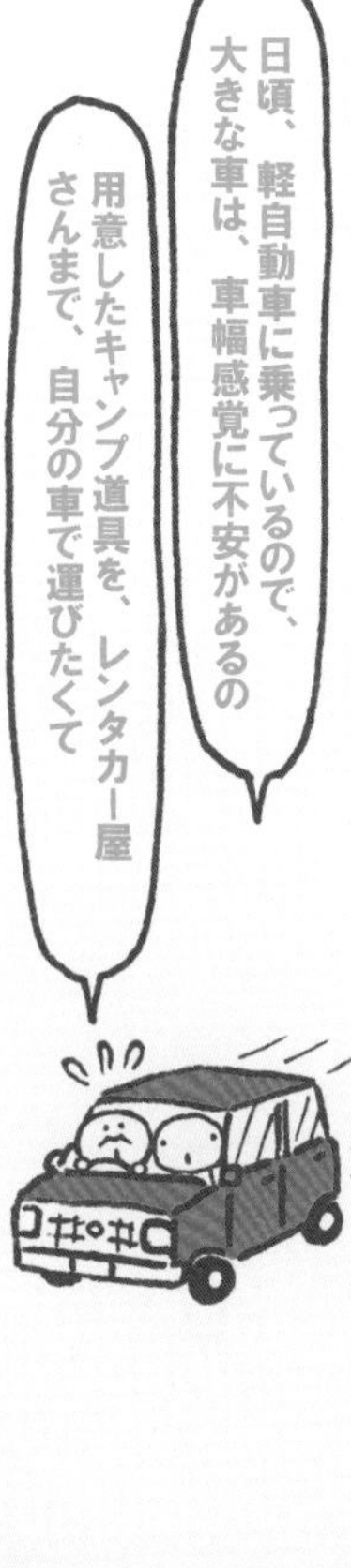
日頃、軽自動車に乗っているので、大きな車は、車幅感覚に不安があるの
用意したキャンプ道具を、レンタカー屋さんまで、自分の車で運びたくて

1件めは、自宅のすぐ近くにあった。「軽」だけでなく、いろいろな車種のキャンピングカーを取り揃えているよう。

キャンピングカー、大中小

大きく分けて、「キャブコン」「＊バスコン」「バンコン」、そして、軽のキャンピングカー（略して「軽キャン」）がある。

キャブコン
（キャンピングカーと聞いて
まず思い浮かべるのが
このタイプ）
バンコン2種
（バンを改造したもの）
軽キャン
（軽自動車を改造したもの。
これを見に来た）

＊バスコンは、マイクロバスなどを改造したもの。（イラストは省略）

軽キャン見学

さっそく軽キャンの内装を見せていただくことに。

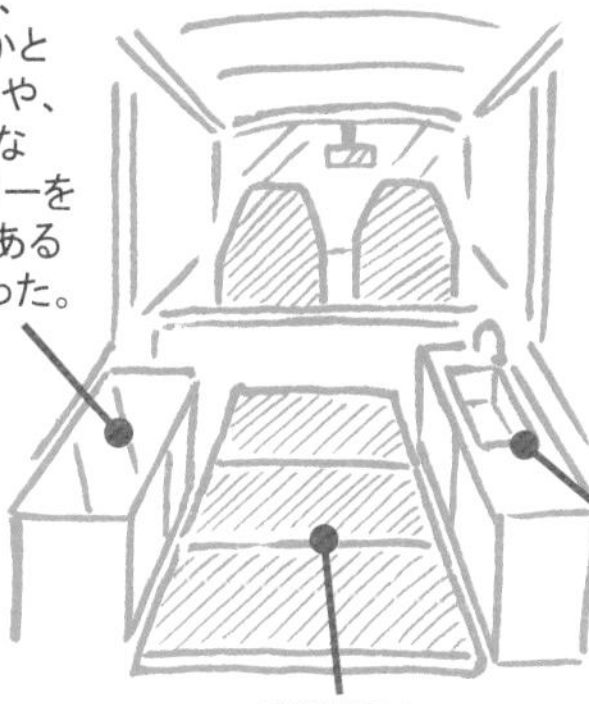
ここ、
収納かと
思いきや、
大きな
バッテリーを
囲ってある
だけだった。
小さい流しは、
形ばかりで
使用はあまり
勧められない
とのこと。
寝場所は、
座席をフラットに
するだけ。

イスとかテーブルとかないんだね
なんか……わくわくしないな……
これなら自分の車で行くのと、大差ない気が……

2種あった「バンコン」の、小さいほうならなんとか運転できるかも…と思い、そちらの見学をお願いすると……

それ見せてもらえますか？

見てもいいですけど…
これは今故障中なんです修理する予定もないんですよ

……ということで、今一つ わくわくしない「軽キャン」を保留し、他を探すことに。

2件めは、どんな車種があるかわからなかったが、とりあえず地図をたよりに訪れてみた。するとガソリンスタンドの奥に、明らかに高級で新車の「キャブコン」が、鎮座していた。

豪華キャブコンの魔力
うっわ、デカ！

ピカピカ！

そして絶対高級なやつ…

運転席、トラックじゃん
いや、これはいろんな意味で無理だ〜

とはいえ、せっかく来たので、中を見せてもらう。

広……
ゴ、ゴージャス……
しまう必要のない2段ベッド
もうこれ家だよ、家
テレビ
6人寝られますよ！
キッチン
しまう必要のないイスとテーブル
こんな車で出かけたら、どんなに たのしいだろう……
あまりの魅力に、「頑張れば運転できるかも？」…なんて思いはじめる。
どーお？
すると、若いスタッフの何気ない一言。
もう1台、内装が違うタイプがあったんですけど、事故でね〜 そっちなら、ベッドが横並びで寝やすかったんですけどね〜
ん？
——じ……こ？
ベッドの並びはどーでもいい。
あ、事故のことですか？ 居眠り運転っす、学生さんの…… 運転してたコは、半年入院したみたいっす
車？オシャカっす
……なっ
ほがらか
……は…ははは。
はっ……
ソーナンデスカー
——おかげで我に返れました。
え……っと、また出直しますぅ〜
あの新車をオシャカに…ソソソ……

振り出しに戻った。またイチから探し直す。

どうやら「軽」のキャンピングカーというのは、沢山存在はするが、「レンタル」が少ないようだ。

しかし、一件、カーシェアリングのシステムを使い、個人所有の車を貸し出している業者を見つけた。

通常は、オーナーとは対面せずに貸し借りできるようだが、旅の前に内装や仕様が見たいとお願いすると、そのオーナーさんが会ってくださるとのこと。

あった！
これいいかも♡
内装の画像もあるよ
軽キャン
おっ、この前の軽と違ってテーブルもあるし、屋根も伸びて、居住性もよさそう〜
こういうので いいんだよ♡

——身の丈に合った1台を見つけた。

予約した車を見せてもらうためオーナーさんにメールをしたが、返事がない。電話をしてみると……

メールでもお尋ねしたのですが、来週の月曜日はいかがで…
時間？いつでもいいですよホホ
はーい、ではその時にヒヒ
へへ、ハハ
あははは
（いきなり高笑い）
大丈夫ですよホホ
週末から3日間いますからハハハ

……語尾に全部、笑い声が付いている。

こっちが名乗ったらいきなり笑い出したんだけど……
なにそれ怖い…
不安だな

約束した日に指定の場所に向かうと、オーナーさんは、車を準備して待っていてくれた。

あ
どーも
ホホホ
ホホホ
ペコ

——電話の時と同じだ……

そして唐突に車の説明をはじめた。

バッテリーはあんまもたないです
えーまず、パワーないです、この車。
先に言っとくハハハ
外部の電源とつなげる時は…
「高速」走るときはちょっと気をつけて
風圧とか横風に弱いからね
あー、「流し」は使わないほうがいいかも
エンジンはうしろね
かえって面倒ハハハ

と、ひととおり話し終えると大きくため息をつき、言った。

「よし！これで弱点も全部言えた！よかった！」


どうやらオーナーさんはシャイな方で、その照れ隠しで笑っているだけとわかってきた……

前の客、相当なクレーマーだったんじゃない？

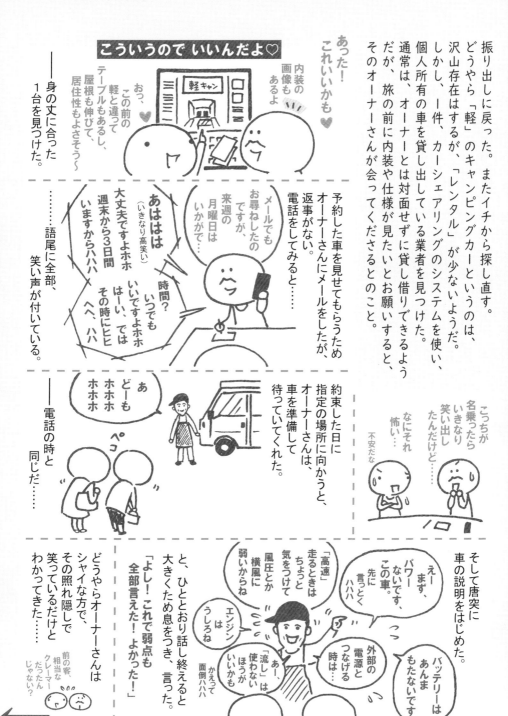

テーブルの出し方、教わってもいいですか
あとで悩まないよう、なんでも聞いておこう。
ここ ちょっと かたいんだよね まずイスを 倒してから…
んぐぐ
脇の テーブル板を 差し込んで…
わぁっ
ここで ごはん食べて〜
日記も 書いてぇ〜
軽なのに こんなに 大きな テーブル！ テンション 上がります〜
屋根のポップアップも やってみていいですか？
この部分に2人、下に2人、寝られるよ。でも、君たち2人だけなんだったら、荷物を上に置いて、下で寝るほうが いいかもね
たしかに。上で寝たら 夜トイレに 行きたく なった時 大変そう…
そう、そこを外して 持ち上げて
そこの棚に カセットコンロ 入ってるよ
走行中は 閉じてね

屋根裏との仕切り板は走行中は重ねて固定して
暖房はね、この下からも温かい空気が……

これは、着替える時用に僕が付けたカーテンなの
あーなるほど必要ですね
休日、この車を家の庭に置いて、子どもとこの中でごはん食べたりしてね。それだけでも結構たのしいんだよね
わ、それステキです！

そっか、出かけなくてもいいのか！

←仲介業者からは聞いてないらしい。

ところで何日くらい借りる予定なの？

「10日間」で予約しました
そんなに？

驚きつつ、行き先や目的を知りたそうなオーナーさん。

ほんとは海外に数週間行く予定だったんですけど……そのかわりに……

千葉を一周しようと思って……

へえ！

それは おもしろい！

いいね！

あー……でも……

ここからだと「首都高」使うねぇ…横風に あおられないように気をつけないと……

あ、そこは久里浜からフェリーで入ります！

おおっ
なるほど！その手があるか～

いいね！

オーナーさんは、人の話をちゃんと聞いてくれる、とっても優しい人でした。

来週ちょうど車検なんだ。それまでにちゃんと整備しとくよ！

ついでにバックモニターも付けちゃおっかな
よろしくお願いしますぅ～

無事キャンピングカーは確保でき、あとは具体的なルートを決め、フェリーについて調べ、泊まるところの予約、そして車に積むものを用意して……一ヵ月かけ、すこしずつ準備。

持っていくもの

背負って歩くわけじゃないから、悩んだら、なんでも持っていけばいい。
…と思う半面、日本なのだから、必要になったら買えばいい、と思ったり。

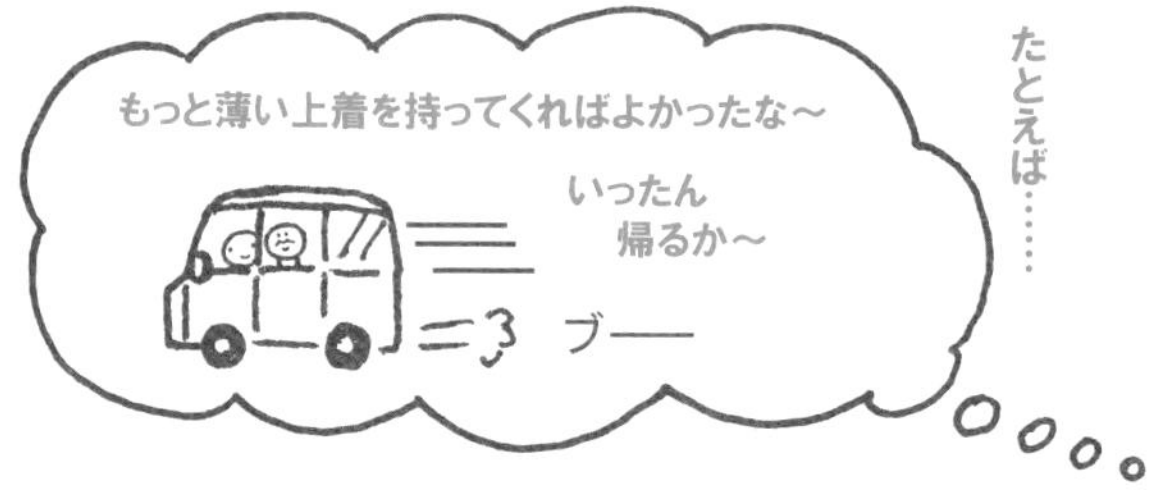

たとえば……
もっと薄い上着を持ってくればよかったな～
いったん帰るか～
ブ――
なんなら家に取りに帰れるよ
たしかに（笑）

あったかい系 寒い季節なので、しっかり準備。（車には暖房も付いてるが）

- 寝具…寝袋にするか普通の布団にするか、悩み中。
- 銀マット…底冷え対策。床に敷く。
- 電気毛布…これを機に購入。掛・敷両用なので、寝るまでは、カーペットとして使用。
- 湯たんぽや カイロも必要？

食事系 テイクアウト、簡単な調理、時々外食……の3本立ての予定。

- 食器いろいろ…キャンプや海外旅行で使っているものを。
- 簡単な調理道具…小さな鍋など、ちょっとした料理ができるように。
- 基本的な調味料…コンパクトにして。
- 電気ケトルと コーヒーセット。

ポイントは適度な深さ
汁物もOKな万能皿。
ガラス気分の透明プラカップ。

着替え・身のまわり系

- 着替え…日にち÷2くらい？
- 下着…洗濯しなくていいよう、日にち分持ってく？
- お風呂＆洗面用具…シャンプーや石鹸も。
- タオル…いっぱい持っていこう。
- ウイルス対策…マスク、ウェットティッシュ、除菌スプレー。
- ティッシュ、トイレットペーパーも忘れずに。

その他グッズ

- ちゃんとした照明…車内で過ごすのに。夜が長そうなので。
- 手持ちライト…夜、トイレへ行く時に。
- 洗濯グッズ…洗剤、洗濯ハンガー、ロープ、カゴなど。
- 仕事道具…やらないかもしれないけど。
- エコバッグやプラスチックの箱…車内の荷物整理に便利そう。
- S字フックやネット…荷物は吊り下げれば ジャマにならない？
- 袋系いっぱい…ゴミ袋以外にも いろいろ使いそう。
- 外に出せるイスとテーブル…寒くても コーヒーを淹れて、外でくつろぎたい。

箱や袋を使って車内を機能的にするの、たのしみ～

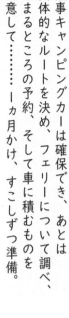

千葉めぐり

千葉県が出している冊子。ミドコロが網羅されていてすばらしい！

旅程を考える

まず「訪れたいスポット」と「泊まる場所の候補」に印をつけ、
「1日で移動できる距離」と「10日間」を考慮して、組み立ててみる。
驚いたのは、10日でも全然余裕がないこと。……千葉、デカイ。
そして、行ってみたいスポットが 結構あること。……千葉、スゴイ。

この日の移動距離長すぎかも～
ここら辺で1泊したいな
そしたら、このスポット先に行ったほうが効率いいね
後半キツキツだな～
これは諦めるか

予定を立てる時は、「付箋」を使うと、簡単にずらせて便利。
そして項目ごとに色分けをすると見やすい。

行きたい場所　決定事項　泊まる場所

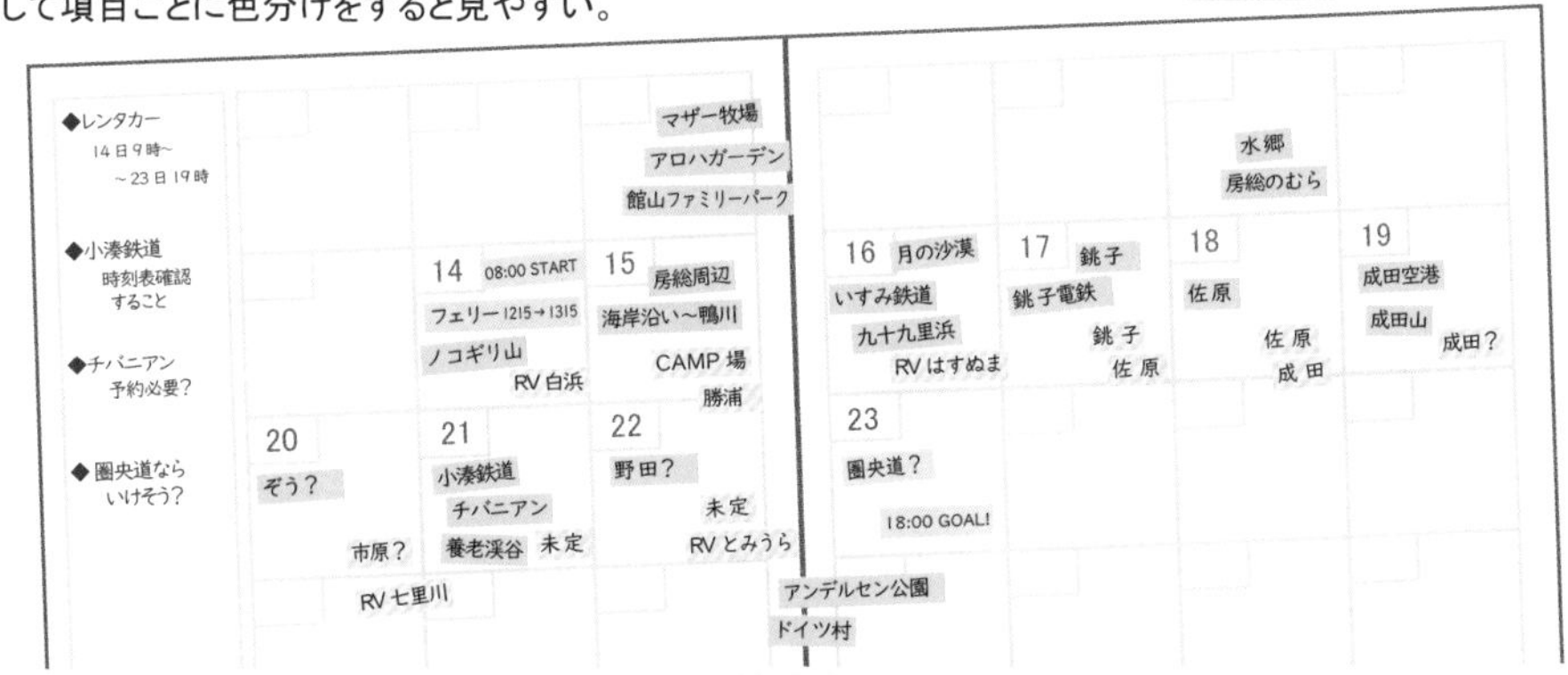
◆レンタカー
14日9時～
～23日19時
◆小湊鉄道
時刻表確認
すること
◆チバニアン
予約必要？
◆圏央道なら
いけそう？
マザー牧場
アロハガーデン
館山ファミリーパーク
14 08:00 START
フェリー 1215→1315
ノコギリ山
RV白浜
15 房総周辺
海岸沿い～鴨川
CAMP場
勝浦
16 月の沙漠
いすみ鉄道
九十九里浜
RVはすぬま
17 銚子
銚子電鉄
銚子
佐原
水郷
房総のむら
18
佐原
佐原
成田
19
成田空港
成田山
成田？
20
ぞう？
市原？
RV七里川
21
小湊鉄道
チバニアン
養老渓谷
未定
22
野田？
未定
RVとみうら
アンデルセン公園
ドイツ村
23
圏央道？
18:00 GOAL!

オーナーさんから連絡

オーナーさんから突然連絡があり、「たしか、フェリーに乗る時は、車検証が必要だと思うから、しまってある場所を伝えておきますね」とのこと。

ただの事務的な連絡なのかもしれないけど、なんとなく、一緒に旅をたのしみにしてくれてる気がしてうれしかった。

だって、あのあと私たちの旅の計画を思い出してくれてたってことでしょ？
それを思うときゅんとくる～
フェリーで渡ります

こうして着々と準備を進めたところで、

旅は 白紙になりました。

日に日に状況は
悪くなっていき……
とても旅するどころでは
なくなった。

数日後、

キャンピングカーをキャンセルした。

手続きは 仲介業者さんを通すので、

オーナーさんに直接連絡する必要はないのだが、

どうしても一言 お詫びが言いたくて、

先日くれたメールのアドレスに、 メッセージを送った。

返事は なかった。

きっとたのしみに整備してくれていたんだろうなと思う。

「ご無沙汰してます。

再予約しました！」

そうメールできるのは、 いつの日だろう。

突然コラム

みんなの旅

それぞれの
胸の中にある
「旅」。
読者のみなさんに
「行けなかった旅」
について
聞いてみました…

コロナ騒動で中止になったタイへの家族旅行。私も夫も「行ける気がしないね」と諦めモードの中。３歳の娘はゾウに会う日を夢見て、ゾウ乗りと餌やりの練習をしています。大人はすぐに諦めますが、子供は未来に希望を持っているんだなと励まされました。旅行に行けるようになったらゾウに乗りに連れて行ってあげたいです。（とりい・30 代女性）

2018 年 12 月 21 日に初めてのオーストラリアのメルボルンに行く予定でした。当時 92 才の義母がいましたが、12 月 18 日に急に具合が悪くなり運ばれその日に亡くなってしまいました。もし予定通りに行き、旅先で訃報を聞いてたら大変な事だったと思います。突然で悲しかったですがお義母さん色々とありがとうございました。（hiro・50 代女性）

部活の遠征がなくなったけど、遠征以外でバレーはできたし、もともとインドアなので大丈夫です。（はる・16 歳男性）

入学してすぐの研修旅行が中止にならなかったら、もっと早くみんなと仲良くなれたかもしれない。（JK・16 歳女性）

毎年恒例の沖縄方面～島方面を昨年は奄美大島に決めていました。出発日は 2020 年４月８日。行程表やクーポンも届いて、旅ノートも作り始めてたのに緊急事態宣言で中止に。今まで計画した旅がポシャった事なかったので超ショック。（池田沙奈枝・40 代女性）

2019、遅ればせながら映画『LA LA LAND』を観た。連続 12 回観て「LA に行く」と決めた。勤続 20 年の休暇を貰える予定だった 2020。オリンピック開会式に東京を出る計画だった。国際免許取得を決意し、15 年間の運転ブランクを埋めるべく運転を再開。LA の交通事情、地図を頭に入れ、旅スケジュールができた。そんな 2019、2020。私の 2020 はまだまだ動いていない。（きだよ・40 代女性）

大学の部活春合宿、部活夏合宿、夏の家族旅行、秋のひとり旅に行かれませんでした。先輩は卒業旅行をあきらめ、留学生の友人は母国に帰国できず。後輩は学校主催の海外研修。研修のために何年もアルバイトをしていた人もいたのに……。結局オンラインで現地の大学のメンバーと研修したようですが、味気なかったそう。（じょじょ・22 歳男性）

東北被災地研修とボランティア（宮城）、そして修学旅行（京都・奈良）に行けなくなりました。修学旅行は、現地のホテルのスタッフさんとクラス単位でオンライン交流会をしましたが、学校の PC 環境が悪いのか現地の PC 環境が悪いのかわかんないけど聞き取りにくく、わちゃわちゃしていたら終わった～汗（まお・17 歳）

帰省という名の心の洗濯旅行。１年と３か月の垢が溜まっている。でもリモートダンスのおかげでリセッ●ュくらいは出来ているかんじ。（かとこ・40 代女性）

半年に１回、家族の誰かしらが帰省していたので、義理の両親が心配。ここ１年は毎週電話しているだけで「寂しい＋会いたい＋超心配」なのが本音です。旅は、「現地に行って匂いを嗅いで、現地の方とお話して、現地の物を食べる」シンプルな旅を再開したいです！（みわこ・40 代女性）

その

5

リモートで、モロッコぐるぐる

国内の旅も
ままならないなら……
やっぱり、
海外への
思いが募る。
どーにか、
今、おうちで　できる
「外国への旅」を、
模索してみよう。

外国、旅したいなぁ、
……ていうか、砂漠に行きたい！

しばらく行ってないもんね。
行けないとなると、
よけいに恋しいね。

ハッサン＊に、ビデオ通話で
砂丘を映してもらおうかなぁ〜

それいい！
リアルタイムなら、
それってある意味「旅」じゃない？

あ、そっか、そうだね、リモートな旅。
ん？でも、旅行会社にも
オンラインツアーってあるよね。

そうなんだけど、
それって基本、「ツアー旅行」だよね。
「フリー旅」好きとしては、ちょっと
窮屈かな、なんて思ってたから、
ハッサンと一緒に自由に旅できたら
たのしそう。

そっか、
リモートで、フリー旅か。
やってみたいね。

＊友人のモロッコ人。
砂漠近くの町に住んでいる。

「旅」の依頼

ハッサンとのやり取りは、
カタコトの英語と、すこしの日本語。
私たちの希望を伝えるのは難しく……

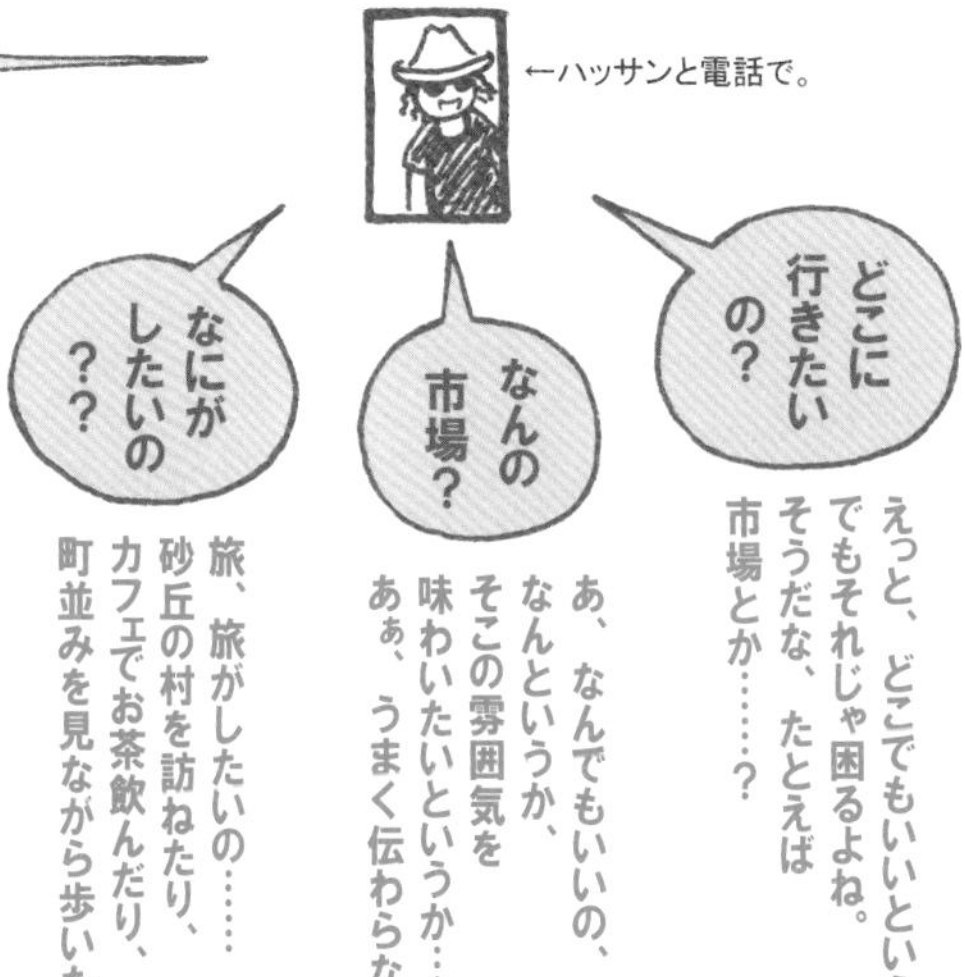
←ハッサンと電話で。
どこに行きたいの？
なんの市場？
なにがしたいの？？

えっと、どこでもいいというか……
でもそれじゃ困るよね。
そうだな、たとえば
市場とか……？

あ、なんでもいいの、
なんというか、
そこの雰囲気を
味わいたいというか…
あぁ、うまく伝わらないな…

旅、旅がしたいの……
砂丘の村を訪ねたり、
カフェでお茶飲んだり、
町並みを見ながら歩いたり……

行き先は…

かつて旅した、モロッコの大砂丘。

どこに行きたい、何が見たい……
というよりも、ただ かの地の空気を
リアルタイムで感じたい。

大砂丘
そこにある小さな村
村のスーク
（市場）
土産物の、化石や隕石

うん！
ただ砂漠を歩くだけとか、
カフェに座っているだけでもいい。
「同じ時間の現地の空気」を感じたい。

だね。
ハッサンには、スマホ片手に
歩いてもらえばいいのかな。
さっそく連絡して、
やってもらえるか聞いてみよう。

そうだね！

でも、
なんて言ってお願いすればいいんだろ？
「〇〇が見たい」なら
こっちも伝えやすいし、
ハッサンも、できるかどうか
こたえやすいだろうけど、
「旅したい」
「そこの雰囲気を味わいたい」
なんて、わかってもらえるかな？

たしかに。
そして、それを、
つたない英語で
伝えなくちゃいけない……

……とにかくやってみよう……

……OK　わかった

え、わかった？
ほんとに？
もしかして めんどくさくなっちゃった？

……と、とにかく、よろしく～

合わないタイミング

リアルタイムなので、都合を合わせるのが なかなか難しかった……

▼時差8時間なので、旅できる時間帯に制限が……

日本の午前中は、
モロッコの真夜中。

zzz

モロッコの昼は、
日本の夜。

チャンスは
この数時間。

▼もちろん、お互いの仕事や用事もあり……

今、市場に来てるよ～
リモート トリップやる？
ごめーん、今電車なの～

ハッサン、明日はどう？
明日行くところはたぶんWi-Fiがつながらない
そうか～

さあ、モロッコの旅、どうなる？

ぐるぐる

そんなこんなを乗り越えて、
モロッコ人の友人に
あちこち連れて行ってもらう、
リモートの旅がはじまった。

あらかじめ、おおよそ見たいものや
行ってほしいところを伝えておき、
私たちは夕方から、仕事をしつつも
いつでも旅できるように待機。
彼の都合のよい時に
コールしてもらう、というカタチ。

さぁ、うまく旅できるかな……

旅するのはエルフード。砂漠の入り口に位置し、
かわいいピンクの建物が建ち並ぶ町。

ハッサンは、ここを拠点に世界中を飛びまわり、
化石や隕石のディーラーをしている。

私たちが最後に訪れたのは……6年前。
懐かしいこの町を、リモートで、ぐるぐる。

モロッコのお茶セット
へぇ
生まれ育ったのもこの町なんだって
気分UP用リュック
彼のテーブル

ハイ！今ならエルフードの町をドライブできるよ。行くかい？

仕事机
行くーーっ！

日本は夜の11時、モロッコは昼の3時。
旅は突然はじまった。

町の中心から数分走れば、景色はもう
砂漠に変わる。そんな小さな町を、
車でゆっくりまわってもらう。

運転はトモダチがしてくれるから、余裕で景色を撮れるよ
サラーム よろしくですぅー

現地のポップスをBGMに、
車での旅が はじまった。
多彩なピンクに染まった町並み。

懐かしいんだけど、
なんか
ちょっと……
変わった？

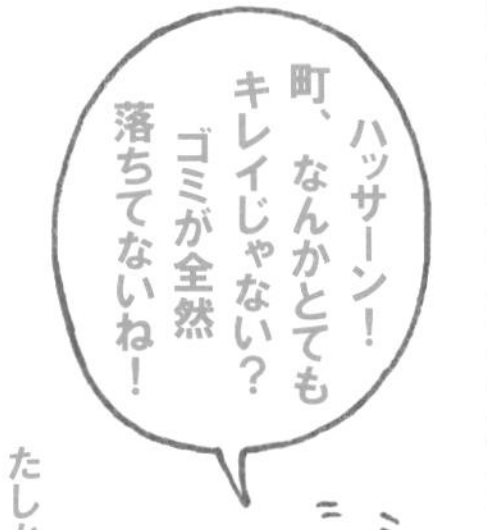

ハッサーン！町、なんかとてもキレイじゃない？ゴミが全然落ちてないね！
たしかに

＊この章の写真は、スマホでのスクリーンショットのため、少々残念な仕上がりになっております……

町歩き、

そうだよ〜 町の人が 毎朝 掃除 してるから ねぇ
知っているカフェの前を通った。
店は 開けてるけど だーれも いないよ さみしい ね〜
以前は大勢の客がいて、男たちの社交場、という風情だったが、今は誰もいない。
――車が止まった。
見て！ 3年前に 信号が できたん だよ！
今は町に 3つある
どしたの？
みっつ みっつ
↑日本語。
3ヵ所あるんだ
町はずれの、オアシスの村に入った。アスファルトが途切れ、タイヤが土けむりを上げる。風景は急に のどかになり、ヤシのガーデンが広がる。カスバと呼ばれる、城砦に囲まれたこの地区は、日干しレンガの家が多い。
あっ
子どもたちが あそんでる！
ほら見て〜 前から カスバの タクシーが 来たよ〜
え？
あ、「馬車」か〜
←荷台には羊。
「また今度」が、簡単にできる旅。
ここはモロッコの 王様の家だよ。今日は 門が閉まってて 中が見えないから、また今度ね
オッケー
エルフードの町に戻った時、ふと、ほんとに旅したような感覚になった。心地よい疲れというか……
今日は ありがとう！ おともだちも ショクラン！（ありがとう） またできたら よろしくです！
OK
おまけ。
あれ？
ホテル
日本語で「ホテル」だって

スーク（市場）へ

2回目の「旅」の途中、ふと聞いてみた。

今の時間って、スークやってるの？

そうね〜、もう午後3時だから閉まってるかもしれないけど…行ってみようか

スークの入り口だね、かわいい〜
着いたよ〜

やはり、お店は、ほとんど閉まっていた。

お店、すこしだけだね〜車で市場のまわりを一周してみようね〜

肉が吊るされてる
お肉屋さんだよ〜

ハッサンは、解説しながら、ゆっくりまわってくれる。一緒に町歩きをしてる気分になる。路上に並ぶ、3種類のオリーブ。

食べたい！

あぁ、買えたらなぁ〜

1kgで200円くらいね

こんな時は、「リモート」という現実に返り、ちょっぴり悲しくなる。

モロッコの主食、「ホブス」というパンが売られていた。

おぉ、懐かしのホブスタワー！

なに？パンが見たいの？

ん？今見てるよ？

じゃぁこれから「パン屋さん」に行くよ〜

行くの？

ん？

車は町へ戻り、ハッサンは不意に車を降りた。ビルの暗い入り口を入ったかと思うと、奥へ奥へと、ずんずん進んでいった。その先に、秘密基地のような空間が。

市場やレストランのパンは、ここで作っているんだよ

なるほど、パン工房ってことね！

家から持ち込んだパン生地も焼いてくれるんだそうだ。いや、パンだけでなく、鶏や魚なども焼いてくれるんだぞう！

ん？パン工房じゃなくて焼き屋さん？

パンを焼くポーズをとってくれた職人さん。

またね〜

今日もありがとう！ショクラン！たのしかった〜

おうち訪問！

ハーイ！
今日は、町の人たちの生活が見られたら、うれしいな。難しいかな？
OK じゃあ、ワタシの家に行こうか

ということで、ハッサンのおうちを見せてもらうことに。

……と、このお宅がとにかく大きく、30分の「ツアー」でもまわり切れなかった……

これは平均的なご家庭なのか、ハッサンの家が特別なのか……

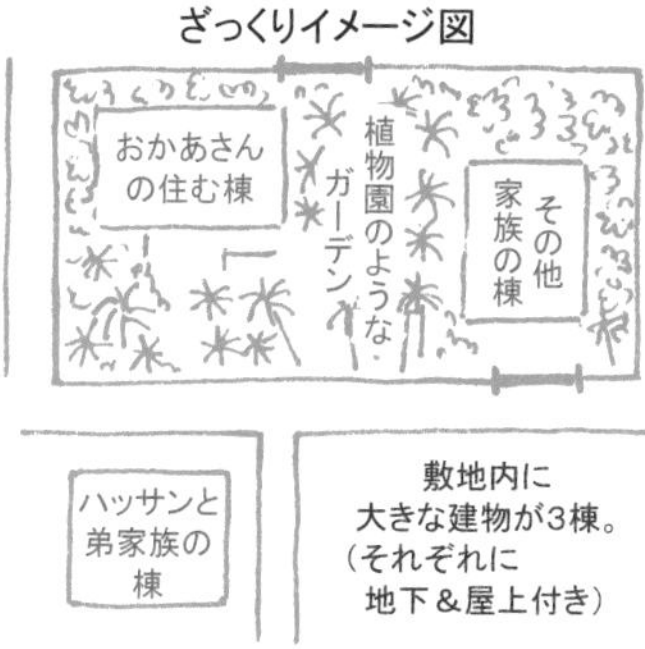
ざっくりイメージ図
おかあさんの住む棟
植物園のようなガーデン
その他家族の棟
ハッサンと弟家族の棟
敷地内に大きな建物が3棟。（それぞれに地下＆屋上付き）

ハッサンの住まいは、3階建ての建物。入るといきなり、パーティ会場のような大広間が現れた。モロッコのリビング、「サロン」だ。ここで客人を迎えたり、家族が集ったりする。

画像ではわかりにくいが、壁に沿ってコの字に並ぶソファ。

広っ！
ゴーカ！ここはどんな時に使うの？
こんなとこ全然使ってないよ。掃除ばっかりで大変だよ〜
そっか、家族が集まる時はおかあさんちのサロンだもんねぇ

3階のワンフロアがハッサンのスペースで、4つの部屋と、キッチンがあった。

……といっても生活感はあまりなく、採掘された化石や隕石が、あちこち無造作に置かれていた。

床に並んだ恐竜の骨や歯。

仕事で世界中を飛びまわってるから、この家は、住むというより「仕事の拠点」という意味合いが強いみたい。

最近こんなのまで買っちゃったよ〜
サンドブラスト（砂で化石などを研磨する機械）。工房まで行かずとも、おうちで作業可能に。

立派な広いキッチンは、あまり使っていないようだ。

もったいない

ステキな、素焼きの水がめを発見。

わー、ステキな壺。アンティーク？
ハハハ 違うよ。採掘現場で水分補給に使ってるものだよ。よく見て、蛇口が付いてるでしょ？

使ってる状態。

部屋を案内してまわるハッサンのあとを、ずっとついてまわる黒猫。

庭も見たい？

庭には、オリーブやナツメヤシなど、「実のなる木」が、沢山生い茂っている。

オクラもあるよ〜
昔はアーモンドの木もあったんだよ
なにそれ楽園だね！

庭で猫たちがごはんを食べていた。毎日やってくる半ノラ猫だそうだ。

モロッコでは、町ぐるみで猫の世話をするのが普通。ハッサンは日本に滞在中、いつも「猫のごはん」を気にかけていた。

この子たちのことだったんだね

ワタシの家ではキャットフードをやるようにしてる。他の家では、鶏の頭とかを食べてくるから
さりげなく分担制
栄養バランスもバッチリだね（笑）

次、おかあさんの家に行ってみようか。そろそろお昼ごはんができてるはず

この家の女性陣。

食事作りが一段落しておしゃべりタイム。

おかあさん
叔母さん
弟のお嫁さん
アッサラームアレイコム！
（こんにちは）

キッチンでは、これから食卓に運ばれる料理が、ほかほかと出来上がっていた。

これはマトンのタジン
チキンとポテトのタジン
えーと野菜のタジン
わー、おいしそ
ちぎったホブス（パン）ですくって食べるんだよ

あっ、ハッサンも一緒に食べるんだよね。じゃあ今日はここでいいよ！ショックランッ！
ハーイまたねー
冷めないうちに〜

発掘現場と工房

ハーイ！今、化石の発掘現場にいるんだけど、なんか見たい？
えっ、見る見る！
旅のテーブル

ハッサンからの突然のコールに、慌てて「旅支度」をする。（＝リュックを手にし、テーブルへ移動）

ここは、町からほど近い採掘場。古生代、海の底だったこの地の地層から、様々な生物の化石が採れるのだとか。

ここは『The Mummy』＊のロケ地だよ
波打つような砂岩の地層。
へー！

＊邦題『ハムナプトラ／失われた砂漠の都』

足もとの岩盤に、古生代生物の化石がレリーフのように浮き出ている。

ほら ここにも
ハッサンの足→

荒野にポツンと建つ小屋。そこには、このあたりで採れた化石が、ゴロゴロ転がっていた。

板状のものも。
うわー宝の山だね
はぁ〜手に取って見たいなー

アンモナイトはないの？
ウミユリ
ストロマトライト
オルソセラス
アンモナイトはもっと先のエリアだよ ここで採れるのはこういうの

さて、これから「工房」に寄るから、案内するよ
えっ うれしい！

町に戻り、砂まじりの
アスファルトを歩くハッサン。
その足音に、カメラ越しでも、
現地の乾いた空気を感じる。

ピンクの建物の1つに工房はあった。
ここは、おもに化石のクリーニング
（母岩の処理や研磨）をしている。
数人のスタッフが作業をしていた。

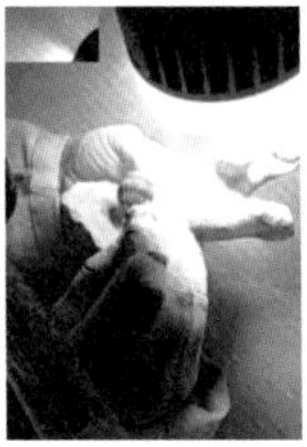
砂を吹き付け、余分な母岩や土を取る作業。

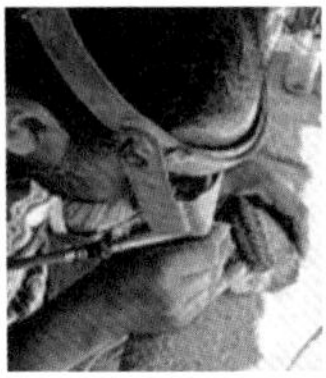
ルーターで、さらに細かく処理をする。

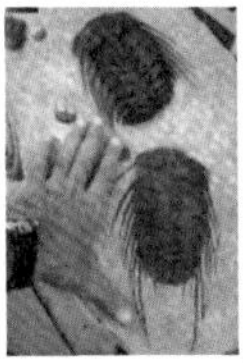
キレイに現れた三葉虫。

ここにある化石、全部ハッサンが採掘したの？

「化石ハンター」たちから買い取ったものもあるよ

そんな職業もあるのか…

さてと、そろそろお茶にしようかな

工房でも、お茶の道具は、
かわいいモロッコスタイルだ。

おっ！

私たちも、
用意していたお茶を入れ、
「現地にいる感」を醸す。

一緒にね
じょぼぼぼ
ハッサン見える？
見えるよ～

また、別の日には、化石がいっぱい
見られる河原に連れて行ってくれた。

幅は広いが水量が少ない川。

見える？
ここに
オルソセラス

河原を歩くと
2〜3歩ごとに
古生代生物の
化石が現れる。

しつこい。
あ、これアンモナイト？
違う、これはゴニアタイト

半身出てるオルソセラス。

すごいすごい、とコーフンしていると、
ハッサンは笑って言った。

ほとんどの地元の人は価値を知らないから、ただ、踏んでいくよ

さて、
こっちはこれからランチタイムだよ。今日はどこに行こっかなー
レストラン行くの？やってるの？
えー、突然行って大丈夫なの？？
違う違う。誰んちで食べよっかなってこと。イトコか、トモダチかオバサンちかなー
ハハハ。ザッツモロッコスタイルね。じゃ、SEE YOU〜
今日はありがと〜
次回は大砂丘に連れてって〜
OK〜
あっ、だめだ！ あそこはたぶんWi-Fiがつながらない
――「リモート旅」の限界を思い知る。

途中、通信が途絶えたり、
言いたいことが伝わらなかったり……
スムーズにいかないところもあった「旅」でした。

でも、まさにそれが、
外国を旅する時の
あの「もどかしさ」と同じ……

ドキドキして、
翻弄されて、
思うようにいかなくて。

ああ、これが旅の醍醐味なんだ、
かけがえのないもの。

私たちは、
そんな旅が好きなんだ。

大砂丘は、
いつかまた、
自分の足で
ね

突然コラム

この旅の応用編

リモート モロッコ旅を
やってみて、これは、
知らない人同士でも
できるかも、と思った。

たとえば……
私たちが
「カイロを旅したい」
「高尾山を案内できる」
と、どこかに表明する。

すると、
「カイロを案内できて」
「高尾山を旅したい」誰かと
マッチングされ、
事前に、
さらに詳しい
リクエストを
出したりして…

たとえば
ナイル川の橋のたもとでただただ行き交う人が見たいな
○○通りにあるターメイヤ屋さん今でもあるのか確かめたい

お互いに、
「ツアーガイド と お客さん」に
なって、旅をする。
いや、もしかしたら、
「一緒に旅する仲間」に
なれるかもしれない。

イメージ

先方のリクエストを受け付ける。

下調べする。（前日、または早めに着いて）

赤いモミジが見たい
△△屋のお団子が食べたい（見たい）
リフトとケーブルカーどちらかおすすめのほうに乗ってほしい
モミジはこの木がよさげだね
近づいて撮れるかな
△△屋はここだねお団子……あるね
リフトのほうがたのしい動画が撮れそうだよね

一緒に「旅」をする。

ハロー！
あ、コンニチハ〜
つながったー
あ、そのお土産屋さん見たいですー
これはムササビのぬいぐるみだよ〜
かわいい！欲しいです
じゃあ送りますねー
落ち葉も入れちゃお

自分も新しい視点で
近場旅ができ、2倍お得♥

＊思いついたばかりなので妄想です。でもいつか実現したいです。

突然コラム

みんなの旅

それぞれの胸の中にある「旅」。読者のみなさんに「この先したい旅」を聞いてみました…

メキシコの明るい空気感や色あいが好きなので、市場をうろついたり、ラテンミュージックを聴きながらメキシコ料理を堪能する旅がしたい。（エリカ・30代女性）

長野県松本市に行きたいです。市内には博物館や美術館、資料館や記念館がたくさんあり、それらを見て回りたいのです。昼食を食べる場所も泊まる予定のホテルも決めてあります！（ヨシ子・40代女性）

大学1年の時一緒に旅した友人と、コロナが落ち着いたらまた軽井沢に行こうと話しています。学生時代に通ったカフェや雑貨屋はどうなってるかな。答え合わせをするのが楽しみです。あと、上の子供が社会人になる前にもう一度家族４人で旅行に行けたらいいな。（mipo・40代女性）

コロナ禍の中でトニー・レオンにハマり、今行きたいのは香港。2019年春に行っていたのに…なんであの時手形を見なかったんだ。あの場所で撮影してたじゃん。あ～今すぐ逢いに行きたい。（youmu・40代女性）

2020年に第一子が生まれました。これまでは夫と二人で行きたいところに気ままに行く旅だったけど、これからは子どもの笑顔が見られる旅をしたいな。（シュウちゃんママ・20代女性）

夫と車で、旅の友の実家、山口県岩国市でれんこん掘りをする。友のオヤジと盃を酌み交わす。岩国泊まり。翌日ウサギ好きの夫に戯れてもらいたいので広島県大久野島へ。島民ウサギの歓迎を受ける。大久野島泊まり。最終日。直帰。（40代女性　まえださり）

遠出も出来ないので、住んでいる市内の行ったことの無いところに行ってみたいです。そして普段ならそのまま帰宅ですが、市内で1泊したいですね。（マミ・40代女性）

アラビア好きが高じて、２年前にアラブ人のパートナーができました。彼の故郷のアルジェリアにぜひ行ってみたい。同じマグレブ兄弟のモロッコやチュニジアと比べるとちょっと地味かもしれないけど、美しい街だと聞いています。今は、アラビア語テキストと地図帳を見ながら妄想旅行です。（ゆうこ・30代女性）

世の中が落ち着き、私にお金と時間があるならば……
1: カンクンのオールインクルーシブに長期滞在してまったりビーチで酒を飲みたいな。
2: トワイライト・エクスプレスでゆっくり車窓を眺めつつ、うまい酒を飲みたいな。
3: 日本の豪華列車を乗り継いで日本1周してみるのもいいな。（池田沙奈枝・40代女性）

みんな元気かな？　日本全国で暮らす大好きなハシビロコウとナマケモノに会いに、動物園めぐりをしたい！（Rたるふ・50代女性）

「ビールが大好きな父と世界一周旅」。２人でひたすらビールを飲む旅をしたい！　英語が堪能で、ビールとビートルズとオールディーズ音楽が大好きな父と、ぐるっと世界一周旅！　楽しいことまちがいなし。おとうさ～ん、ウォシュレットがないところには行きとーない！　なんて言ってないで、行こうよ～。（ふじかみれい子・40代女性）

その6

いつか、
このカラダごと旅できる
その日まで。

それまでは、
計画を立てたり、
持ち物を揃えたり、
旅を妄想したり……
行けない時間も、
たのしめることは、いろいろある。

そう、「旅は3度たのしめる」の、
その1つめは、
旅の計画や、準備。

「旅の準備」は、
負け惜しみじゃなく
なんなら、
旅そのものと同じくらい
好きなこと。

私たちの場合
個人旅行だから、
旅程を組むのも
移動や宿を手配するのも、
全部、自分たちで。
大変……だけど、その作業も
立派な「旅の たのしみ」
なんだよね。

そうだね。
旅を、ゼロから組み立てる。
それは、本を作る時の
生みの苦しみにも似てる。
たのし苦しい。

小学生の頃の
「遠足」にも似てない？
前日までに、半分くらいの
「わくわく」が消費されてる。

（笑）
出発前に、もう、
旅の第一章が
終わってるくらいだよね。

でも……
さんざん準備して、

できるまで

どこ行こう？

行き先は、すぐ決まる時と、
全然決まらない時がある。

どこ行こうか？
どこ行きたい？
う〜ん
沢山あるようなないような
なにから決めたらいいのか

条件や制約があるほうが、
逆に決めやすかったり。

今回の予算は○万円くらい
秘境すぎずでもベタすぎず…
レンタカーでまわれるとこ…
屋台街があるところ…
よし、探すぞ！

このくらいのほうが、燃える。

何日間？どこまわる？

行き先が決まったら、情報を集め、
細かい訪問先の候補を挙げる。それを
「線」でつなぎ、移動手段を考える。

この4つの都市をまわろう！
AからBへは電車より長距離バスがいいみたい
Bに着くのは朝だから1泊減らしてもいいかな
BからCは近いけど交通の便が悪いな…
そうだ、先にDに行って……

ルートを練り直したり、日数を増減したり
……パズルのような作業。

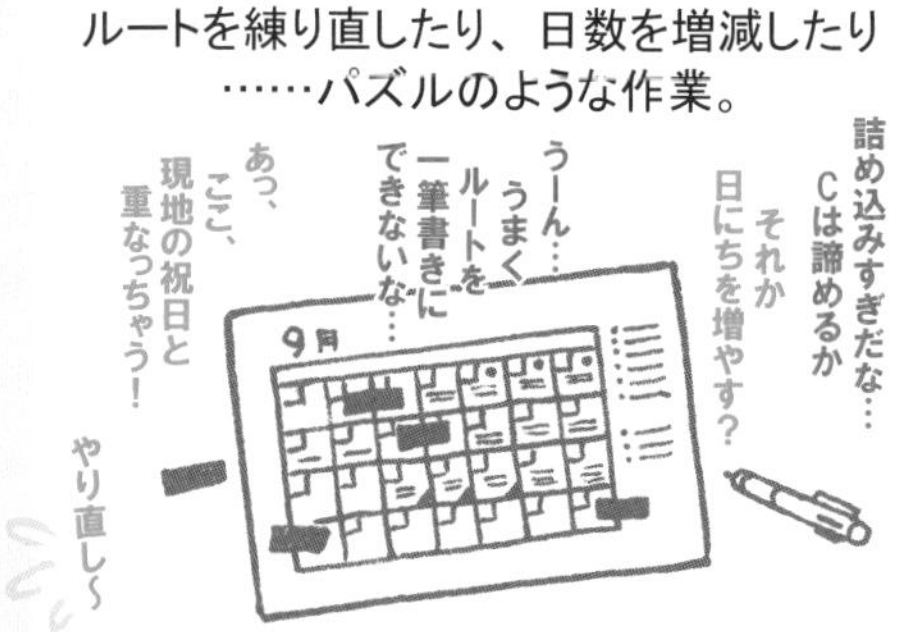
詰め込みすぎだな…Cは諦めるか
それか日にちを増やす？
う〜ん…うまくルートを一筆書きにできないな…
あっ、ここ、現地の祝日と重なっちゃう！
9月
やり直し〜

一番大変かも。でもそのぶんたのしい。
フリー旅の醍醐味とも言える。

旅がボツになったことも
何度かあったよね。

うん、あったね。
現地の情勢だったり、
自分側の事情だったり。
何週間も調べてきたことが
全くの白紙に……

それはもちろん
残念だったけど、
不思議とそんなに
落ち込まなかったのは、
旅の準備そのものが
たのしかったからかも。

そこまでで、ある程度
達成感があるんだね。
タダでわくわくできて
よかったじゃん、
って笑える。

だから……
この先、いつ旅ができるか
わからないけど……
それでもたのしく、
旅の予定を立てることが
できるのです。

k.m.p.流、旅が

手配 & 予約

ネットでヒコーキを予約。1日ずらすと
料金が全然違うこともあるので、
そこでまた日程の立て直しをすることも。

朝イチの便は安いけど、朝4時起き。どーする？
こっちの航空会社だとほぼ半額！でも経由便なんだよね。悩ましい〜
希望日は満席だ〜どうする？3日前か4日後か

次に、宿を予約。ないのも困るが、
選択肢が多すぎて、どう選んでいいか
わからなくなることも……

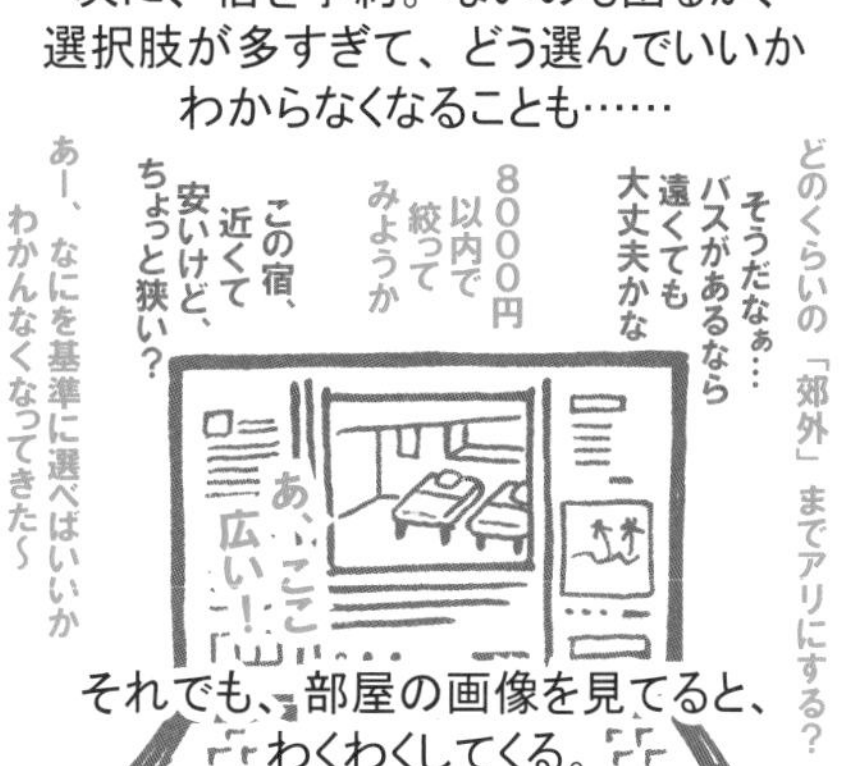
どのくらいの「郊外」までアリにする？
そうだなぁ…バスがあるなら遠くても大丈夫かな
8000円以内で絞ってみようか
この宿、近くて安いけど、ちょっと狭い？
あー、なにを基準に選べばいいかわかんなくなってきた〜
あ、ここ広い！

それでも、部屋の画像を見てると、
わくわくしてくる。

細かい旅程、持ち物準備

大枠が決まったら、
日にちごとの細かい予定を考えていく。

（実際の旅では必ずしもそれに沿う必要はないが、
大体を決めておかないと現地で効率が悪くなってしまう）

この博物館、火曜休みだ。じゃあ、月曜の予定とチェンジしよう
海の予定は一応1日めに入れといて天気によってずらそう
木曜の朝市のあと、この遺跡に行こう。バス1本で行けるみたいだから

こうして旅の予定を考えている時に、
必要な持ち物を思いついたりする。
それをメモしておき、たまったら整理して
一覧表にする。

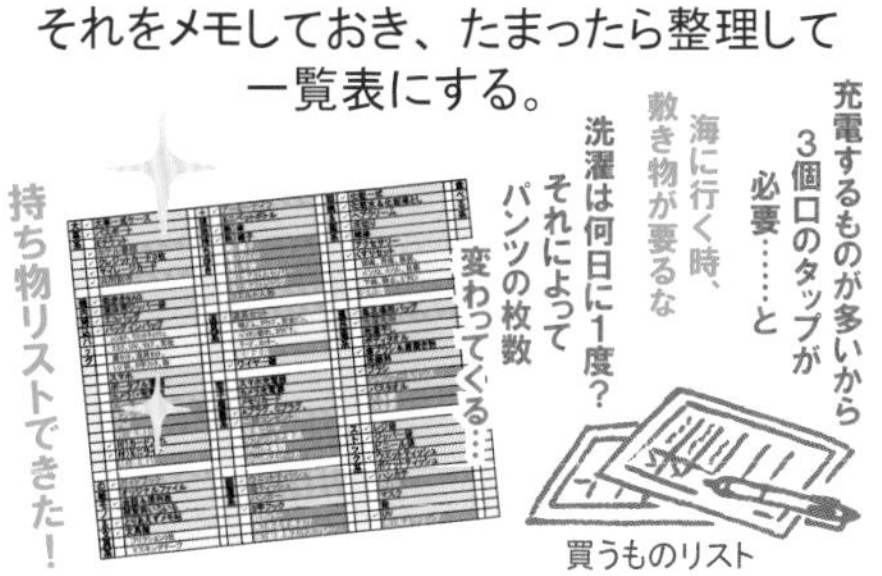
充電するものが多いから3個口のタップが必要……と
海に行く時、敷き物が要るな
洗濯は何日に1度？それによってパンツの枚数変わってくる……
持ち物リストできた！
買うものリスト

こうして、ちまちまと準備を進めていく。

こんな旅（それぞれ）

それぞれに、次に行く旅（海外）を妄想してみました。

いろんな国から入る、サハラ砂漠

モロッコ、チュニジア、アルジェリア、そしてエジプト…の各国からサハラ砂漠の大砂丘に入って、砂や石と戯れて過ごしたい

ルーペ必携！

そして、その広大なサハラで、「ちっちゃな世界」に浸りたい

カラフル！

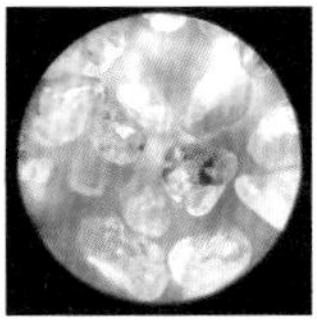

いろんな色の粒が集まってできている、砂漠の砂。これを、各地で見比べたい。

白夜と極夜の北極圏

「夜の来ない日々」そして「ず……っと夜な日々」そんな、体験したことのない時間を過ごしたい

極夜には、頭上にヒラヒラ舞う蛍光色のカーテンを見られたらいいな

うーん、やっぱりアレもコレも外せないなー

ムラマツ編

憧れのマダガスカル島

独特な動植物、魅力的な鉱物や化石、そして、真っ白い砂のビーチ……を、たっぷり全部巡る旅

妄想するだけでうっとり

ハワイ諸島の、他の島々

またまた、車で一周したい旅をするなら、「車で一周できるかどうか」が、基準になってきました

次、行きたいのは

なかがわ編

リピートか
新規開拓か
迷うところだ

イタリアの小さな町

イタリアは、
どんなに小さな町でも、
そこらの観光地より
よっぽど完璧な町並み……
というイメージがある

今まで大きな都市しか
行ったことがないので、
ガイドブックに載っていない
無名の町を訪れてみたい

究極の星空

あちこちで星を見たけど、
今まで一番すごかったのは、
小さい頃に家族で行った、那須高原の星空
空の黒い部分より、星のほうが多いんじゃない？
って思ったのをおぼえてる。
昔だし、記憶が美化されてると思うけど、
あれよりスゴイ！ って思える星空に
いつか出会いたい

全く予備知識のない国

国名は なんとなく
知っているけど……
くらいのところへ、
ほとんど予習せず
行ってみたい

そして、
帰ってきてから
ガイドブックなどで
こたえ合わせ（？）
してみたい

つい入念に
予習しちゃう →
びびりタイプ。

運転に挑戦

いつも、
運転は
お任せしちゃっているので、
次の旅こそ、
自分でハンドルを
握ってみたい……

あ、だ、
大丈夫だよ？

究極の海

キレイな海のある町

宿がボロくても、
食事がイマイチでも、
海の色が美しいなら許せる
「まぁキレイ」くらいじゃだめ、
とんでもなく、
目が離せないくらい、
美しい色の海……

2人で
行くとしたら
どんな旅？

こんな旅（一緒に）

こんな旅、
したいね。

小さな島一周

2〜3日あれば まわれちゃいそうな小さな島に、
1ヵ月くらい滞在して、隅々まで味わいたい。

なるべく
マイナーな島がいいな。

観光地化されすぎず、でもそこそこ
旅行客を受け入れてるところ。
……って、そんなわがままな条件の島
難しいね〜

どんなふうに
過ごす？

のんびりする日と、
観光する日と、
どっちもありで…

自然と文化、
どっちも
たのしみたい

ぼー

宿は1ヵ所を
拠点にする？

長期滞在だと
「暮らしてる感」が
出て、たのしいよね

それとも
移動の旅？

同じ場所に
帰らなくていいから
効率がいいよね

移動手段は？

ちょっと遠くには
「車」で、
近くには
「自転車」で…

って、
どっちも
できると
いいな

GO GO〜

食事はどうする？

外食も
部屋で作るのも
どっちもできると
いいね

屋台もあったら
最高だなあ

この
変わった果物
挑戦してみよう
明日、
食べ頃のって
どれですか？
これかな？

次、行きたいのは

ヨーロッパ、車でぐるぐる

以前から憧れていた、「地続きの国境を、車で移動する旅」。

「車」の理由。

町から町へ、「線」の旅なとこ

列車やバスでも「線」だけど、車なら、いい景色に出会ったら、そこに寄り道できる。そんな自由さに憧れる

あと、多少荷物が増えても大丈夫なこと

ヨーロッパだと買いたいもの沢山ありそうだから…

陶器のお皿買っちゃった〜
あの〜
車で日本へ帰れるわけじゃありませんよ〜
あの町寄ってみよう
オッケー

不安なこと。

車を狙った犯罪が多いことが一番心配……

あと、中心街だと、停めていい場所を探すのが難しそうだよね

ちゃんと調べていかないとね

そして…

千葉一周、リベンジ！

「千葉ぐるぐる」も、まだまだ諦めていない。

あれから調べたら、もっと行きたいとこ増えてきちゃった

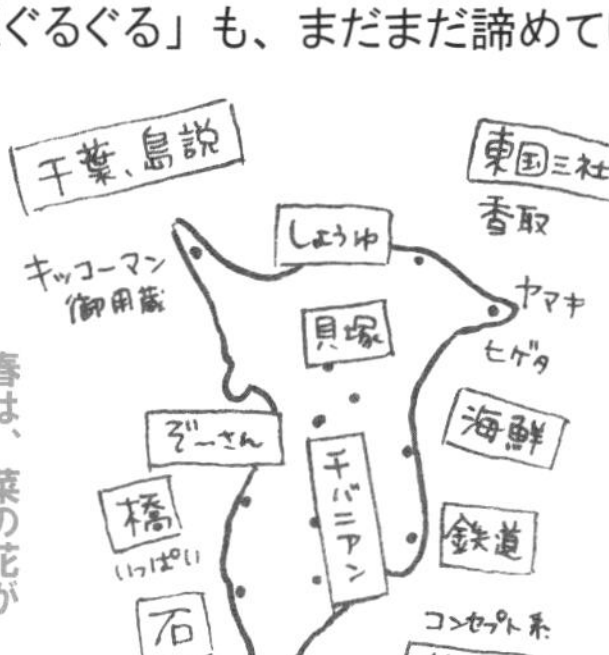
千葉、島説
東国三社
香取
しょうゆ
キッコーマン御用蔵
ヤマキ
ヒゲタ
貝塚
海鮮
ぞーさん
チバニアン
橋
いっぱい
鉄道
石
いっぱい
コンセプト系
道の駅
夕陽

春は、菜の花がキレイなんだよね

絶対行こうね

実現する日まで、妄想して、計画立てて、たのしんでいこう。

次ページでは、さらに妄想を膨らませ、旅行代理店になった気分で、「ツアー」を企画してみました。

ぜひ、ご参加ください〜

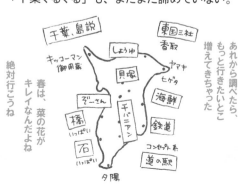

4月6日～5月18日

ぐるぐる旅行社 主催

八王子発

k.m.p.と行く エジプト

ぐるぐるツアー

イメージ

このツアーの特徴

@ 個性的な観光コース！

k.m.p.が個人的に行きたい場所を
優先してご案内いたします。

@ 歴史ある安宿に宿泊！

他のツアーでは体験できない、
安宿の魅力をご堪能ください。

@ エジプトだけの感動体験！

ボリボリで有名なお店へお連れし、
「値切り」をご体験いただきます。

こだわりの観光

◆バハレイヤ オアシスでキャンプ体験

◆ベニハッサンでのマニアックな壁画観賞

◆3大ピラミッドは、もうk.m.p.が何回も
行ったので、今回はスルー！（車窓観光）

ぐるぐるツアー
私たちがご案内します！

早期お申し込みで

3大特典付き！

その1● ウエルカムドリンク「ラクダのミルク」進呈　搾りたての温かさ！

その2●「コシャリ」食べ放題！　ダッアかけ放題！

その3●「ツタンカーメンTシャツ」プレゼント！　大人気！

Egypt

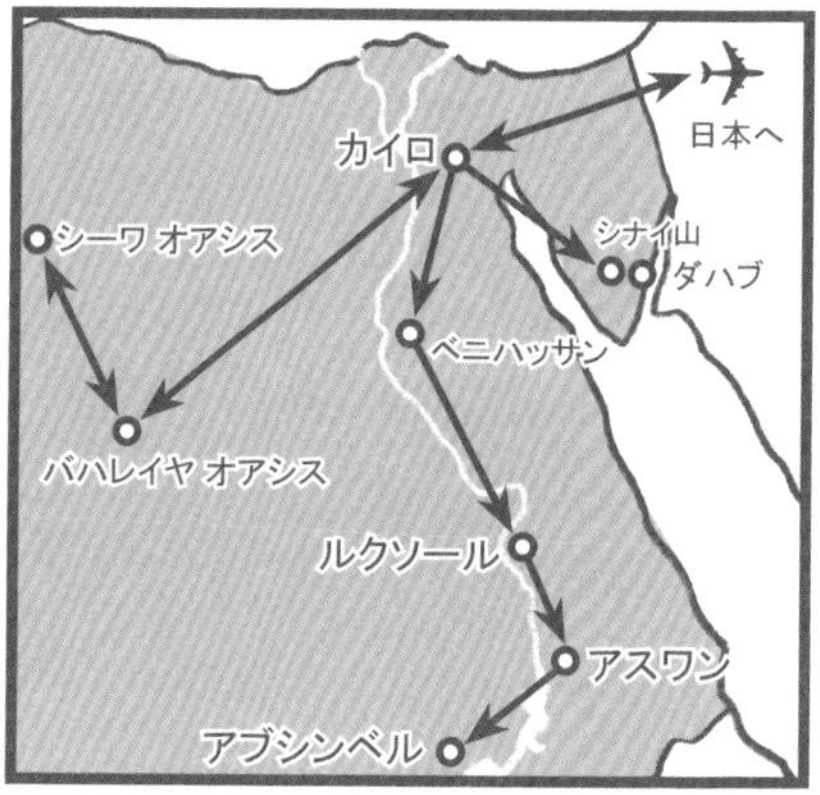

充実の オプション!!

◆ ムラマツと踊ろう！ ベリーダンスの夕べ

恥ずかしさを捨て、一緒に踊りましょう。
魅惑のひとときをお楽しみください。

◆ レモン汁マッサージ付き！ ファルーカ クルーズ

伝統の船ファルーカの船頭ムハンマド氏が、
ほてった肌にレモン汁を塗ってくれるサービス付き。
当社オリジナルの、人気アクティビティです。

◆ k.m.p. と巡る、大エジプト博物館

k.m.p. が、知ってることだけを解説いたします。
途中で疲れた方には、安全に眠れるスポット
（階段の踊り場など）に ご案内いたします。

旅の前に
ぜひ

好評！

ツアー参加者対象

k. m. p. によるエジプト講座

第1回「決定版！
値切りのすべて」
値切りのコツを
伝授いたします！

第2回「もう怖くない！
エジプトおやじ対策」
しつこいアイツを
爽やかにあしらう
スマート術！

第3回「乗り切れ！
暑さ地獄」
幾度も瀕死の状態を
乗り越えた本人が
語ります。

講師：なかがわ

まだある
おすすめ
ポイント

1 気が向いたらピラミッドも！

2 シナイ山 頂上でオカリナ演奏！

3 アスワンで、炎天下を体験！
（体感 70℃）

コースのご注意

現地事情や k.m.p. の思いつきにより、観光内容やコースを変更する場合があります。

たまに、安宿なのに、なにも問題がない場合がございます。ご了承ください。

厳選安宿！ ご利用ホテル

カイロ	（グレード）星なし 追加代金なしで、冷水シャワー確約。
バハレイヤ	（グレード）屋外（寝袋付き） 星を眺めながらお休みいただけます。
ルクソール	（グレード）星なし 隣のビルが見えるお部屋確約。

その他の都市でも、選りすぐりの安宿をご用意しています！

お部屋のグレード アップ プラン

より安宿を体験したい方のために、スペシャルルームをご用意しました。お好みのプランをお選びください。

◆室温40℃ルーム◆ エアコンがあると思わせて、じつは壊れているお部屋です。（限定3室）

◆サプライズルーム◆ ベッド、トイレ、シャワー、いずれかに驚きの仕掛けをご用意したお部屋です。

＊宿泊ホテルのエレベーターが故障している場合がありますが、階段はございますのでご安心ください。

旅行条件

旅行日数：1ヵ月ちょい
最少催行人数：1人（100人まで OK ！）
添乗員：k.m.p. が最初から最後まで同行いたします
食事回数：［朝食］全部 ［昼食］全部 ［夕食］全部
座席クラス：ジャンケンで決めます
日本発着利用航空会社：ケイエムピー航空（KM）

さらに、添乗員さんになった気分で、妄想してみました。

よろしくお願いします〜

「このたびは、当ツアーにご参加いただき、どうもありがとうございます！
今回のツアーの、企画 兼 添乗員 兼 ガイドの k.m.p. です。
本日より1ヵ月ちょいのお付き合い、どうぞよろしくお願いいたします！」

では、ご参加のみなさま、自己紹介をお願いします！
ぐるぐるツアー
なかがわです！
ムラマツです！

↑
お好きなキャラに、お名前を入れてください。一緒に旅しましょう。

服装＆持ち物チェック

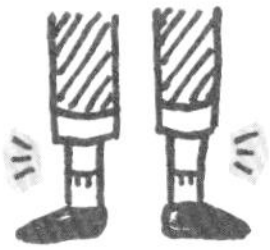

「はーい、ぐるぐるツアー御一行様、エジプト到着前に、
服装や持ち物をチェックいたしま〜す」

そこたぶん、焼けますよ…
なんか熱い…
うんしょうんしょ
カバンはたすき掛けに〜
帽子とサングラス、グッドです！
人混みではリュックは前に背負ってくださいね
日傘いいですね！
たとえ笑われてもめげずに貫いて！
金属のアクセサリーはヤケドする危険があります！
あ、ボールペンは今はもう、あんまり効力ありません…
そうそう
それと、長袖を着て肌を守ってくださいね
ていうか、服を着てください…

右手をご覧ください！

「え～、今回のツアーでは、ピラミッドは【車窓観光】となりまーす。
みなさま、ご準備よろしいですか？　はい、もうすぐですよ。
瞬きしないよう、ご注意ください。
はい、来ますよ、来ますよ…………

はい！
ピラミッド！
見て！
えっ
どこどこ
見えない～
キャ～ッ

ババレイヤ オアシス

カイロからバスで5時間、ババレイヤ オアシスの白砂漠に到着。夕食は、
みんなで作った、トマトスープとチキンとパン。その後、たき火を囲んで、盆踊り大会。
……そして、砂漠の上に寝袋を並べ、星を見ながら寝ました……

星が地平線から上がってくる～
あれって天の川？
あ、流れ星！

好評、安宿体験！

今回のツアーの目玉、【安宿体験】は、お客様に大変好評でした。

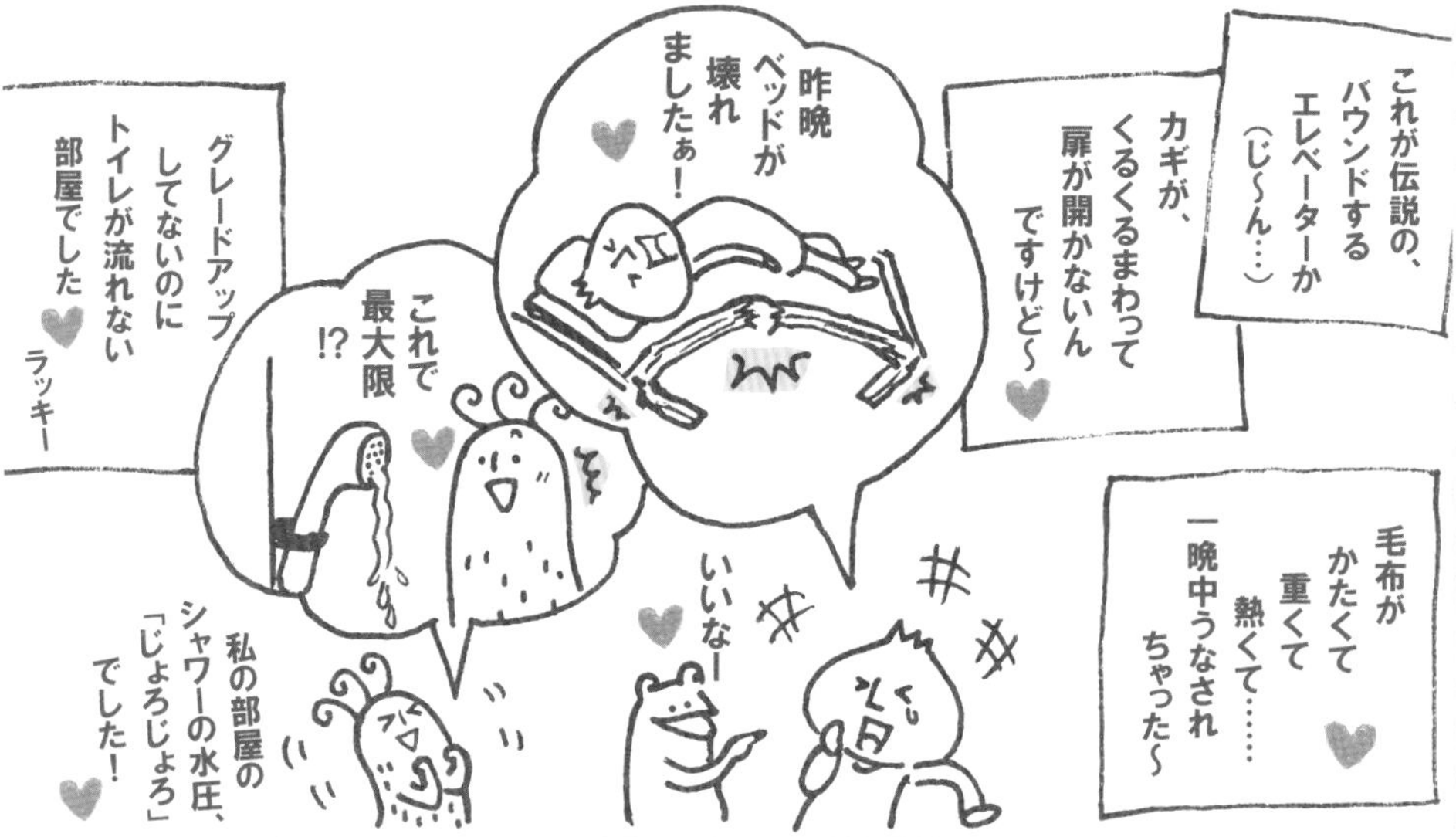
これが伝説の、バウンドするエレベーターか（じ～ん…）
カギが、くるくるまわって扉が開かないんですけど～
毛布がかたくて重くて熱くて……一晩中うなされちゃった～
昨晩ベッドが壊れましたぁ！
いいなー
これで最大限!?
グレードアップしてないのにトイレが流れない部屋でした ラッキー
私の部屋のシャワーの水圧、「じょろじょろ」でした！

急遽、予定変更して

やはり【ピラミッドは車窓のみ】は不評で、最終日に、みんなでピラミッド観光に出かけました。たのしそうなお客様の顔を見て、来てよかったと思う k.m.p. でした。

クフ
カフラー
メンカウラー
う、うそですよ～ピラミッドなしなんて～ ハハハ
写真撮りましょうか？ よかったらピラミッドの中にも入っちゃいます？
ヘーイ！ラクダー
ぐるぐるツアー
ハハハ
おぉー、ピラミッドだぁ～
わーい
わーい
見える？
やっぱりコレよねぇ～

みなさま、お疲れさまでした。
エジプトの旅、いかがでしたか？

一緒に食べたターメイヤサンド、おいしかったですね。

博物館で、みんなで寝ちゃったこと、
ダハブの海で見た、カラフルな魚、
アスワンで乗った、ファルーカ、
ソハーグでは、未だに「おしーん」と言われましたね。
そして、シナイ山に響き渡る、オカリナの音色……

k.m.p. がもう一度ゆっくりと見たかった、ベニハッサンの壁画観賞に
お付き合い いただいたこと、
ありがとうございました

チリンチリーン

次回は、ムラマツ運転のトロリーで、
【ハワイぐるぐるツアー】を企画しております。
ぜひご参加くださいませ。

お疲れさまでした～
ありがとうございました！
はい、お約束のツタンカーメンTシャツです～
……。
ヒエログリフ柄のほうがよくないかしら？
どうなのコレ
Sサイズないって
かっけー

いつか 行けるよね！

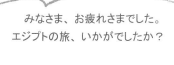

旅に出られなくたって、
これまでの旅がある。
そしてかならず、
これからの旅もある。

今は、
振り返ったり
想いを馳せたりして
おうちにいながら、
ココロで
旅をしよう。

変わって
しまった世界で
それぞれの
胸の中にある「旅」。

旅の思い出…

みんなの

私は視覚障害者。おまけに英語が苦手。しかし、１年に１回の１人旅をライフワークとしている。英会話を習い、どこでも歩けるように訓練を重ね、１年かけてリサーチをしてイメトレ。毎回、不安で吐き気がするけど、それでも旅を続けるのはワクワクが不安を上回るから！　さて、次はどこへ行こう！　（moimoi よぴこ・50 代女性）

夏休みや冬休み、いつもの年だったら家族で旅行に行ったり帰省していた。それが当たり前だった。でも今、気軽に行けないので変な感じがする。年末年始はいつもおばあちゃんの家だったから、今年は年越し感もお正月感もなかった。親は仕事、私は部活とかで忙しかったからちょっとリフレッシュしたい、疲れを取りたい、楽しもう、というのができないのはつらいけど、今はがまん。（くらぼん・16 歳女性）

2021 年２月に父が他界しました。旅行やキャンプや山歩きが好きな人で、私と５歳年下の弟がまだ小さかった頃から毎年のようにキャンプに旅行にとあちこち連れていってくれました。いつか母や弟と一緒に、父が連れていってくれた旅行先やキャンプ場を辿ってみたいと夢見ています。（ひかり・50 代女性）

普段は仕事や私生活で沢山の人と触れ合っているからこそ、言葉も文字も習慣も何もかもが違う、日本から数千 km 離れた異国の街に一人で立っている時に感じる圧倒的な孤独が最高に幸せで、心の栄養剤にすらなっていました。あの日々が恋しいなぁ。（GENKI@ 一人旅会社員・20 代男性）

２月　突然　荷物が届いた。
ハワイ島の海を１度だけ
カヤックで案内してもらった
ガイドさんから。
今は大変だけど、頑張って
という想いで
私が送ったクリスマスカード。
返信のパイナップル型のクッキーに
涙しながら
必ず会いに行く　と誓った
コロナ前より強い
私の旅への気持ち。（そば・40 代女性）

マリオしってる子みんなと USJ のニンテンドーワールドへいきたい。（キシロー・７歳）

沖縄への心の脱力旅行。行きたいな～でも自粛だよな～そろそろ行けるかな～まだ無理かな～無限ループ∞　でもそのかわりに日常を大切にできた気がする。心の脱力旅を日常の小さいことに置きかえて。（こちず・40 代女性）

沖縄　とにかく行きたい!!　行けないことからの思いより、もう前しか向いてない感じ。（いく・18 歳女性）

この 10 年、毎年行っていた海外旅行に行けなくなったのは残念です。が！　ステイホームを活かして過去の旅行のフォトブックを作り、一緒に旅してくれた友達に贈っています。楽しかった旅を振り返る時期としてそれなりに楽しんでいます。また、k.m.p. さんの本を読むことで、次の旅行の妄想も楽しんでいます。（りさ～ちか・20 代女性）

今行ってみたい街は、クロアチアのドゥブロブニク。映画『スター・ウォーズ』のロケに使われた、海沿いの町。白壁にオレンジ色の屋根の街並み、海も綺麗で、とても感じがよさそうなので。（HIRO・50 代男性）

新しいカタチの旅…
そして、この先の旅への期待……
聞かせてくれてありがとう。

旅もっと

京都で生まれ育ち、仕事は観光業です。この1年で観光業の弱さを知りました。人のいない京都。時が止まってしまった会社。気晴らしに散歩をしたら、感じたことなかった空気を感じました。今まで人が多すぎました。今の京都は澄んでます。京都は社寺だけでないです。自然も豊かなことに気付きました。…ぼちぼちでいいので来て下さい。（まえださり・40代女性）

*チェンマイの本に載っている箸置きを持っています。私はそこで象の形をしたメモ立ても買いました。またチェンマイに帰って、次回はホテルではなくアパート暮らしがしてみたいです！（COCO・10代女性）

＊『チェンマイアパート日記。』（JTBパブリッシング）

ドアを開ければいつでも行きたい場所に行ける「どこでもドア」が欲しいと思っていたけど、旅して思うことは、行って帰ってくるまでが旅なんだな……と。夜行バスや新幹線、飛行機での過ごし方あれこれ考えるのも楽しい。窓から見える景色も素敵。その土地の時間の流れの中で過ごす自分が好き。（Rたるふ・50代女性）

温泉に入って美味しいもの食べた～い!!（マミ・40代女性）

私は学生の頃からアルバイトしては、あまり多くはないお金とバックパック持って一人旅するのが好きでした。元来怠け者のため、仕事するのが面倒だけど、旅のために働いてきたのです。今はどこにも行けず、働く意味がわからないです。嗚呼早くどこかへ行きたい！　異国の匂いを嗅いで、面白いものを見たい！　食べたい!!（おかっぱねこ・40代女性）

残りの人生旅したい!!　と退職。まず長年の夢、最愛バンドの生地英国へ。翌年6月、父危篤で中欧旅行出発5日前キャンセル。翌年2月はコロナ禍で5月予定のギリシャ旅行キャンセル。いつ旅できるの?!　旅するために仕事辞めたのに!!　人生カウントダウンなのに!!　焦りの中、英国旅行実現済みが救いです。（ruby・60代女性）

地球は遊び場という言葉が浮かびました。子どもは遊びながら色々なことを学んでいきますが、私も旅先で経験値を積んでいるような感覚になります。帰宅して荷解きをしていると、いい勉強だったなぁと、いつもしみじみします。これからも子どものように冒険を楽しんでいこうと思います。（ゆうこ・30代女性）

沢山の寄稿、
ありがとう
ございました！

「旅」を意識したら、もっとずっと行きたくなった、どこかに。そして、旅＝泊まるっていう印象が強かったけど、日帰りでも旅を楽しめると知れたのは、怪我の功名かも。（ゆう・30代女性）

2019年は毎月のように旅行をしていましたが、2020年はどこにも行かないまま終わってしまいました…。今年こそは初めてのところを旅したい！（シュウちゃんママ・20代女性）

旅が「できない」ってなに？
「行けない」ってどゆこと？

↓

というオドロキから
YOU Tubeで
「外国」を求めて……

なつかしー、コレおいしかったよね〜
あ〜〜、アレがもーう食べられないなんて……

↓

……るうちに、
なぜかお菓子作りにシフト。
毎日どーせなら低糖質スイーツ作って
ダイエット、はじまる。

このスイーツのレシピ簡単なんだね
すっご甘そ
作ってみよか

はしりがき

各部屋に、各国のコーナーをつくろー

◎モロッコカフェ風 ◎ハワイのラナイ風
◎タイの食堂風 ◎バリの東屋風
◎スペインパティオ風 ◎台湾屋台風

↓
イメージまではたのしかったけど、
案外机上の空論。
コーナーを作れるほど
雑貨が揃ってなかった。

→ 全部まとめて「旅コーナー」をつくればいい……

ここに座る時は旅のいでたちで。
旅のテーブル

この騒動が終わったあとに
残るもの、いろいろありそう。

たとえば オンライン旅行

もともと旅がムズカシかった人たちに
とっては、逆にこれで
旅することが可能になった
とも言えるから。すごいことだ。

ex.
・身体的に
・お金的に
・時間的に
・子育て、介護
・ヒコーキコワイ……

千葉

野田？
佐原
キッコーマン
銚子電鉄
浦安 ねずみの国
加曽利貝塚
市原 ぞうの国
チバニアン
いすみ鉄道
台湾の集集線的？
磨崖仏
ノコギリ山
月の沙漠

・コンセプト系道の駅
・海鮮

キャンピングカー

ニコさん

（車）

次に予約できた時は、
千葉の旅程も
見てもらおう。
なんとなく
たのしんでもらえそう

Egypt

ハッサン 22：30〜

オルドビス紀
シルル紀
デボン紀
三葉虫

そこが牧場だって知らなかった頃、
自転車こいで息が上がった時に吸う空気が
こやしのキョーレツなニオイで
毎朝 呼吸困難 だったのを
思い出した――っ

旅もキャンプも
快適になるほど
おもしろみがなくなる。
不便がたのしいというのが、
ややこしいところだ。

楳図かずお先生を
見かけた時のために、
グワシの練習。

黒豆ゴロゴロ
天狗焼き

久しぶりに食べた！
次はお土産にも
いっぱい買おー

東京だよ
★★★
日本遺産
高尾山
動植物の宝庫
明治の森 高尾国定公園 高尾山
こんな名称だったんだ

1600を超える種類の
植物が確認されている
イギリス全土で自生する種類の
数に匹敵、
ってすごいじゃんっ

旅に行かなくてもたのしめる
↕ ムジュンした本だな！
実際に旅することが、どんなに
スバラシイかを 再カクニンする

K.m.p.流 ~~企画~~
エジプトツアー
→ プロデュース？ 主催？

フツー あまり組み込まれないマニアックな場所に
みなさまをお連れする。ツアー
誌上妄想旅
・ハトシェプスト 山越えで一する？
・ファルーカ ち隻 カクホ→宿泊？
・デンデラ神殿の地下
・リビア砂漠側？（墓と通じる道）
…ルナ村
…キン見学

春になったら
植物を
たのしみ
ながらっ
ちゃんと
登頂！
ほんとか？

あとがき

この、ぽっかりできた不思議な空白は、
私たちにとって、旅ってなんだろう、
を、ゆっくり考える時間になりました。

残念なこと。
・旅に行けないこと。（とくに海外）

よかったこと。
・旅に行けるというのは、
決してあたりまえじゃないことに気づく。
今までの環境のありがたみが よく分かった。
・行けない時間で、今までの旅を
たっぷり思い返せた。
・ついでに、後まわしにしていた、
旅の写真や資料の整理ができた。
・近場を旅するいい機会。
地元のよさを再確認。
・次の旅の準備が、ゆっくりたのしめる。
（準備ならタダ、いくつでも考えられる）

どんなに「よかったこと」を連ねても、
「旅に行けない」の前では 弱いかもしれない。
でも、今までの日常では辿り着けなかった、
そんな思いに至ったのは事実。

また自由に世界を旅できる
その日まで。

今は、
旅できないことのくやしさを、
旅できることのありがたみを、
これでもかと噛みしめる日々。

うん、
そんなものを噛みしめるなんて
こんなことが起きなければ
しなかったことだから、

旅できるようになっても
忘れないように、
今、存分に
味わっておこう。

ね

k. m. p.
ムラマツエリコ
なかがわみどり

「旅への想い」をお寄せくださったみなさん、
そして、この本の制作に関わってくださった
すべての方々に感謝します。
ありがとうございました！

快適な空間での、ピラミッド見学。

2人で活動しているデザインユニット。
旅に出て旅行記をかいたり、
イラストをかいたり、絵本をつくったり、
雑貨をつくってみたり……
カタチにこだわらない モノづくりをしています。

著書には、
『おかあさんとあたし。①&②』（大和書房）、
『おかあさん、ずっとみてて。』（KADOKAWA）、
『エジプトがすきだから。』（JTB パブリッシング）
など。

コマ漫画は、公式ブログ
「k.m.p. の、旅じかん、ウチじかん。」
に掲載したものです。

k.m.p. の、旅《たび》したくて、ぐるぐる。

2021 年　5月　13日　第1刷　発行

著者
ブックデザイン　k.m.p.《ケー・エム・ピー》　なかがわ みどり　ムラマツ エリコ

発行者　千石雅仁

発行所　東京書籍株式会社　〒114-8524 東京都北区堀船 2-17-1
TEL 03-5390-7531（営業）03-5390-7512（編集）
https://www.tokyo-shoseki.co.jp

印刷・製本　図書印刷株式会社

ISBN 978-4-487-81493-0 C0095

旅の思い出
今度こそいーこと考えた♡
バルセロナ名物「チュロス」と「ホットチョコ」。
それがおいしいと評判のお店へ行った時のこと。
もちろん注文するのは
チュロスとホットチョコ
くださいっ♡
すると、なぜかため息。
ハァ~
そっちの君も？
あ、いえ私はサングリアください
すると……
OH～♡
サングリア？
O～K～
グゥー
─急に上機嫌。
You
グゥー
?
おじさん、チュロスとホットチョコを頼む観光客にうんざりしてた？
エジプト・アスワンの空港。
出口で観光客を待ち受ける、タクシー運転手の群れ。
わわわわ
ガラスに張り付くさまは、水槽に張り付いた「ヤツメウナギ」を思い起こさせた。
あの扉を開けたら、彼らにわぁーっと囲まれて、いっぺんに声をかけられて、もみくちゃになって、それでも値段交渉をしなくちゃいけなくて……
外に出たくない……
飛んで火にいる……的な？
怖ろしい顛末を確信しながらもあの中にダイブしなくてはならない、という絶望……
デンパサール，みやげもの売場、
開店直後の光景。
木彫りの●●を
せっせと みがいている売り子さん。
製造工場では
ヤスリかけ担当とか
いるのかな
つい いらんことを想像.

バルセロナで町歩き。
横断歩道を渡りはじめたその時！

あっ！
あぶないっ！
キーッ
!!
完全に跳ね飛ばされると思った……
あわあわ
地元の学生らしき彼もかなり動揺している様子。
ソ、ソ、ソーリー
ソーリ～…
ザザザッ
オッケ……
手を合わせ、日本式？のゴメンナサイをしてた。

ん？案外、冷静なのか？

しかし旅慣れないね～
ガブ

（妄想です）

バリ島・ウブド。
郊外の観光地に向かう途中……

木彫りの工芸品を扱う店が、多数建ち並ぶ通り。
へぇいいね♡

その中に、木彫りの「クモ」専門店があった。
ぎゃーっ
うへぇ

↑クモが超苦手。

その後も何度も現れる「クモ」専門店。
目ぇつぶって！
ひーっ
過ぎた？
もういない？
もう大丈夫
ほんと？

……しかし、木彫りの「クモ」って、そんなに需要あんのか？

あぁっ！また出たーっ
ひーっ